独角兽捕手

杭州创投人访谈录

夏芬娟 著　　　周恺秉 总策划

ZHEJIANG UNIVERSITY PRESS
浙江大学出版社

孤独的独角兽捕手

独角兽公司与投资人，犹如一对浓情蜜意的情人。

一个不想投出独角兽的投资人不是有梦想的投资人；一个投不出独角兽的投资人不是优秀的投资人，当然更谈不上伟大了。

硅谷之所以伟大，是因为它持续造就了一家家伟大的公司，如英特尔（Intel）、苹果（Apple）、思科（Cisco）、谷歌（Google），还有 Facebook 等。这些伟大的公司都是由独角兽公司演变而来。硅谷为什么会诞生那么多伟大的企业？硅谷对创新者意味着什么？

我曾思考多年，不断追问为什么全球只有一个硅谷，得出的结论是，硅谷之所以成为全球的创新高地，是因为它有着完善的"独角兽的生态世界"，诞生了很多新的物种。硅谷有着包容失败甚至"背叛"的宽松创业文化氛围，集聚了一批崇尚自由和创新主义的年轻科技型人才，当然，在所有这些创新机制的背后，硅谷还有着全球无可比拟的风险资本和一批支持冒险的投资人。

事实证明，创投资本对城市创新创业的重要性无论怎么说都不为过，这也是硅谷区别于纽约的地方。硅谷就是一个以风险投资、天使投资发展起来的城市，硅谷的创业投资、天使投资的总额占全美国的 30% 左右，如果再加上旧金山湾区的话，会占到美国的 50% 左右。

今天的杭州，犹如一颗冉冉升起的新星，大有追逐硅谷之势。

为什么今天我们要来关心杭州，关心这批活跃在杭州的投资人和他们的心路历程？因为正是有这群心怀梦想的投资人，他们辛勤耕耘，不辞辛劳地奔走挖掘、扶持，并经历长久的寂寞守候、耐心等待，才有了今天杭州在创业创新领域近乎完美的产业梯队布局。

据杭州市创业投资协会和微链联合发布的数据，杭州已经有 26 家独角兽企业。纵观全国，大部分的独角兽企业分布在北京、上海、深圳、杭州。杭州的独角兽企业比深圳要多很多，且总市值超过上海，仅次于北京。

除了独角兽企业，杭州还有超过 100 家市值超 1 亿美元的"准独角兽"企业，而且这些"准独角兽"企业分布在电子商务、企业服务、金融科技、文娱影视、新能源新材料、医疗健康等诸多行业，阵容强大，且均以科技创新型企业为主。

说杭州是中国最接近硅谷的城市，北京、深圳人可能觉得是吹牛，但全球上市公司市值十强和独角兽公司十强排行榜或许是一个有力的证明。

让我们看一下 2017 年全球上市公司市值十强，绝大多数是科技型企业，而不是传统的石油、银行、汽车公司，比如谷歌、苹果、亚马逊（Amazon）、Facebook 和微软，还有阿里巴巴和腾讯。这是一个非常重大的变化，科技型企业已经成为这个时代最重要的企业，成为改变我们生活和工作的企业，全球十强公司里面中国的公司只有 2 家。再看一下 2017 年全球排名前十的独角兽公司，这里面中国的公司有 5 家（滴滴出行、小米、美团大众点评、今日头条、陆金所）。同时有公司进入这两个榜单的城市，在全球只有两个，一个是硅谷，一个就是杭州。

2018 年，独角兽的春天来了。证监会的一纸批文，为曾经无缘国内 IPO 的一大批独角兽公司打开了绿色通道。于是，所有的聚光灯都打向这些独角兽和"准独角兽"们。

但我以为，一个城市创新能力的发展，非常重要的一点，是发展创业投资和天使投资。我们不应该遗忘那一批站在幕后默默扶持独角兽成长的投资人，和他们心怀着的成就城市发展的伟大梦想。这也是本书的价值和初衷所在——试图以更加冷静的视角和更为细腻的笔触,去发现涌动在这座城市的创新活力背后的那些"原动力",描绘这些活跃在杭州、低调又务实的投资人。之前,从来没有人真的去做过这样一件看似简单却又意义非凡的事情。

早在20世纪90年代的时候,英国前首相撒切尔夫人就说过一句话,英国的高新技术产业比美国落后10年,就是因为风险投资起步晚了10年。其实国内BAT(百度、阿里巴巴、腾讯)背后都有风险投资,只不过那时候是外部的风险投资,现在我们看到很多的独角兽就有不少的本土创投、天使投资机构在后面。

现在北京的独角兽企业数量占了全国近50%。北京的独角兽数量为什么可以稳居全国榜首?美图、滴滴出行、京东也好,小米也罢,都是风险基金投起来的,我觉得,杭州现在有比较好的发展创业投资、天使投资的基础,我们也有非常重要的创业投资和天使投资人,杭州这些上榜的企业和创业者,都是跟这个城市有密切关系的投资人。

与独角兽质量和数量形成鲜明对比的是,杭州的投资机构和投资人的知名度还远远不够"响亮",整体规模也还偏小,但这并不妨碍一个个伟大投资人在孤独中苗壮成长。

龚虹嘉,在杭州这片创业沃土上投资了海康威视,并且长期持股超过16年之久。如今,海康威视已经成长为全球视频监控领域的领军企业。2018年1月,其估值约为3800亿元。龚虹嘉仅靠一笔投资,便为自己创下了单个案例回报率超2万倍的纪录。也是在杭州,年轻的天使投资人吴彬,接待了唯品会的创始人沈亚,并做出了投资唯品会的决定。今天,唯品会正式引入腾讯、京东等互联网巨头,迎来"第二个春天",这个投资的神话故事还在续写⋯⋯

一个个投资人的访谈看下来,这些一度隐匿于独角兽企业身后的形象开始逐渐清晰生动起来。他们有的来自实业,有的来自律师等跨界职业,还有的从投行转型而来……虽然出身和投资的直觉、理念各有出入，但是他们身上却有着一个共同点——一颗预见未来、抓住未来的雄心，一个改造一座城市甚至是一个产业、一个国家的伟大梦想。

2014年9月，阿里巴巴在纳斯达克敲钟之际，杭城满是失意的投资人，他们都在深刻地反思：本土创投机构为何集体错失阿里巴巴？

但今天，在独角兽的春天来临之际，杭州的这些曾经失意的人，完全可以扬眉吐气一回了！

杭州，独角兽之都。杭州，一个正在崛起的硅谷。

杭州创业投资行业协会轮值会长

周恺秉

杭州市高科技投资有限公司董事长

见证杭州十年进化，迈向天使之城

为什么要以杭州天使投资为主题，来写一本书？

为什么要写投资人，而非独角兽企业的创业者？

我想，这篇文章能够比较清楚地阐明情况，也能够让读者朋友们在阅读每一个精彩的投资人故事之前，对杭州的天使投资进化有一个更为全面的了解和认知。这篇前言的分析也能帮助你们更好地从全局上去把握这些人物故事背后的时代背景。

2018 年的杭城，风起云涌。

独角兽，独角兽捕手，独角兽的缔造者，还有那些心怀独角兽梦想的创业者们，他们成为杭州新经济的重要组成部分，成了一道亮丽的风景线。

数据显示，2017 年杭州信息经济起到了主引擎作用，实现增加值 3216 亿元，增长 21.8%，对经济增长贡献率超过 50%，占 GDP 的比重为 25.6%。

很难去估量在杭州经济华丽的转型升级背后，天使投资扮演着多么重要的角色。但可以确定的是，这一切，与浙江活跃的民间资本分不开，更与日益活跃的天使资本的支持分不开。

天使投资就像是一座桥，一头连接着无处可去的民间资本和转型期的产业资本，另一头连接着新兴经济的星星之火，引导新兴产业、高科技产业逐步形成"燎原之势"。政府的扶持政策，天使资本的活跃，还有优秀创业者的集聚，综合性的创业生态环境成就了今天的杭州。但可以肯定的是，杭州的创业生态环境也并非一蹴而就，而是经历过几代变革、进化。

经过分析，大致将天使投资行业的发展分为四大阶段，本文收录的投资人物，也均是亲历了各个阶段的代表人物。

杭州天使投资 1.0：自然人天使

时间：2001—2012 年

特点：业界"牛人"不为外人所知，多数天使投资人为创业者起家

代表人物：*海康威视龚虹嘉、唯品会吴彬*

中国的天使投资最早始于 20 世纪 80 年代。彼时，浙江的草根创富事业才刚刚开始，资本原始积累处于初期，鲜有人去理解大洋彼岸的美国硅谷正在活跃着创造财富神话的"天使"到底是什么。但实际上，研究深了才发现，"1.0 版"时代持续时间最长，天使投资的回报率也最惊人。只不过，那时天使投资还只是少数人的游戏。

杭州天使投资 1.0 时代的缔造者之一是海康威视的神秘股东龚虹嘉。

海康威视龚虹嘉（左三）参加某投资论坛

2001 年,海康威视成立时,注册资本只有 500 万元,此后再未追加投资。到 2017 年,16 年时间内公司市值增长 2 万多倍,这在国内 A 股市场是绝无仅有的。而早在其公司成立注册之初就以天使投资人身份进入的神秘股东龚虹嘉,成为此次造富神话中的最重要的主角。

2017 年最新的胡润富豪榜单上,龚虹嘉夫妇以 650 亿元的身家,排在复星郭广昌之前。

和龚虹嘉同时起家的,是唯品会的天使投资人之一、杭州天使投资 1.0 时代的二号缔造人物吴彬。

吴彬是活跃在杭州的金华市东阳人,和唯品会创始人沈亚是长江商学院的同学,其公开资料少之又少,低调的吴彬更习惯退隐于项目幕后。当初在美国上市时,唯品会的发行价仅 6.5 美元,而到了 2014 年 2 月,唯品会加入纽交所的"百元股"俱乐部,最高时 2014 年股价一度达到 200 美元。作为联合创始人介入,吴彬对唯品会的投资,回报率高达数千倍。

几乎是在同一时间,正在创业中的另一家纯互联网企业阿里巴巴,却没有那么幸运地被本地的天使人慧眼发现,而是被日本天使投资人、软银集团创始人孙正义收入囊中。错失了这样一家世界级的互联网公司,这也让我们确认了,彼时的杭州天使投资,离 2.0 时代还是有差距的。

一直到 2010 年前后,一批对互联网新经济有着足够理解的新生代创业者陆续出现,为此后杭州的天使投资的爆发性增长奠定了基础。尤其是此中还出现了赛伯乐投资聚光科技,创造了回报获利超 300 倍的天使投资佳话。

当然,龚虹嘉也好,吴彬也好,说他们是个人天使投资 1.0 时代的缔造者,并不意味着他们就停留于此。他们自身也在不断地与时俱进。

杭州天使投资 2.0：VC天使化和天使投资机构化

时间：2012—2014 年

特点：天使投资机构化

创投机构代表人物：顾斌、陈越孟、宗佩民、陈斌、黄金明、曹国熊等

天使机构代表人物：李治国、庞小伟、柳阳、姚勇杰、项建标等

当以个人为投资主体的天使投资越来越显现出其局限性时，越来越多的投资人开始以机构的名义联合起来，优势互补，分别以专业知识或人际关系的优势，帮助创业者。这在 2014 年被演绎到极致，机构化的天使投资形式更是一跃成为主流和时尚。

曾经投资无门的浙江民营资本，猛然意识到天使基金的价值和真谛。杭州天使投资也就自然而然地晋级到"2.0 版"。

这个过程并非一蹴而就，一方面得益于近十多年的加速度铺垫、人才培育，另一方面也得益于 2014 年阿里巴巴集团赴美上市所带来的全球财富效应。

事实上，除了浙大系，来自阿里巴巴的有经验的员工们开始带着互联网的新思维走出去，"四处开花"，成为杭州天使投资领域的一道亮丽风景线。

再也没人敢忽视阿里巴巴的辐射力，为了争夺优质项目，天使基金几乎是

逢阿里系必投。

2010 年 9 月，李治国正式从阿里巴巴离职，开始了天使投资人和创业者的双重身份生涯。

这期间，他的作品除了挖财网，还有蘑菇街、快的打车等。众所周知，快的打车于 2012 年在杭州上线，2014 年在全国的移动端掀起一场"腥风血雨"，2015 年与滴滴打车合并后的最高估值达到 110 亿美元。"110 亿美元！我自己都没有想到过。"快的打车创始人陈伟星说。

作为天使投资人，李治国更是一战成名，3 年间获利数千倍，成为投资市场最大的获利者之一。同时，他任 CEO 的挖财网，也于 2015 年 7 月成功完成 B 轮共 1.3 亿美元的融资。

实际上，曾是快的打车死敌的滴滴快车，其背后最早的天使投资人和最主要的推手，也是阿里人——王刚。而后考虑到快的和滴滴之间的恶战可能成就它们共同的竞争者，王刚又从中协调，一手促成了这场史无前例的并购。

既投又创，投而优则创。2.0 版的"天使"既有投资经验，又对创业失败有着切身的认识，还会结合实践创建一套自成一体的独创"剑法"，即投资自成体系、不拘一格，如天使湾。

天使湾创始人庞小伟把 2.0 版演绎到了极致：庞小伟本身也是一名创业者，在参与创立的 E 都市被并购后，转而成了一名早期天使文化的忠实推进者。

崇尚野生、不要项目投资计划书，2013 和 2014 年，70 后的庞小伟带着 80 后、90 后的"天使"，用他们自己的那套逻辑去布局移动应用类 O2O 项目、寻找未来之星，他愿意孤独地守护着那些看似脆弱的幼苗。截至目前，天使湾已累计投资超过 2 亿元人民币，投资出洋码头、下厨房、美妆心得等创新项目，5 年来股权增值超过 10 倍。

除了庞小伟、李治国这些新生势力，浙商资本投资也在纷纷前移，他们演绎的"2.0 版"似乎更为沉着。

2012 年是个重要的分水岭。在 IPO 暂停、股权投资遇冷的情况下，华睿创投、赛伯乐、华欧等一批原来专注于风险投资的资金也纷纷前移，开始聚焦天使投资。

华睿创投的宗佩民尝试带着传统领域的浙江产业资本，将其投资项目周期前移，为传统制造企业定制转型急需的新项目。他也开始深度关注中国民族品牌的崛起。"中国投资，正迎来强国时代。"华睿创投宗佩民说。

2.0 时代的天使投资呈现出规模化和专业化的特点，在 2014 年表现得最为突出。据杭州市创投服务中心介绍，2014 年，杭州成立天使引导基金，当年就参股天使湾、鼎聚、曦澜 3 只天使基金，基金规模达 1.55 亿元，至 2015 年 6 月底，参股基金已达 13 只，基金规模已达 7.28 亿元，投资项目超过 60 个。

由此可见杭州天使投资的发展速度之快。对中国天使而言，2014 年也是意义非同寻常的一年。这一年，天使基金中，人民币天使投资基金规模约为美元投资的 20 倍，以压倒性的优势成为投资业的中坚力量。这一年，也被业界定义为天使投资的"机构化元年"。

事实上，在引导杭州一步步迈向天使之城的道路上，另一股隐形推动力量来自政府创投引导基金。

早在 2008 年，杭州市政府即成立了创投引导基金，试图成为天使来到人间的引路人。除了支持赛伯乐、华欧、华睿、浙商等本地天使机构，还引进了深创投、德同资本、硅谷基本等国内著名创投机构。截至 2017 年年末，创投引导参股基金 56 只，基金规模达 83 亿元，投资项目 400 多个，投资金额达 43 亿元，引导基金实际带动社会资本放大近 10 倍。

到 2014 年，代表政府的杭州市创投引导基金，又在原来的基础上设立了一只天使引导基金——杭州市蒲公英引导基金，开始时规模仅 7500 万元，2015 年增资到 3 亿元，2017 年增资到 5 亿元。它又将撬动多少社会资本呢？还没有时间去好好遐想。在接下来的 2015 年，又一个以众创为主题的时代，拉开了杭州天使投资 3.0 的新帷幕。

杭州天使投资 3.0："天使＋联盟"众创空间崛起

时间：2015 年至今

特点：众创空间＋天使投资

代表人物：六和桥马海邦、贝壳社姜慧霞、乐创会卢艳峰、微链蔡华等

2015 年的深秋，终于受不住杭州天使和创业者的"诱惑"，美国国际数据集团（International Data Group，IDG）创始人熊晓鸽兴致勃勃而来，在杭州设立落地机构，加派精英驻守。

"不愿意错过下一个马云。"熊晓鸽说，焦虑中夹着满满的期待。

除了 IDG，德同资本、软银资本、红杉资本等在杭州也日益活跃了起来。"天使＋联盟"，它们的到来本身就是杭州天使 3.0 时代到来的最好注脚。

2015 年年初，李克强总理走进深圳的一家小型众创空间柴火空间，提出了"大众创业，万众创新"的倡议，引燃了全国的创业之火，也引燃了杭州天使投资 3.0 的盛世之火。

循着这一理念，在杭州偏西北的一片空地上，一座"梦想小镇"崛地而起。当时，这座还一无所有的小镇即放下豪言：三年内，小镇的投资规模将达数十亿元。这无疑为天使投资提供了最为宽广的表演舞台。这里有一系列为初创期企业定制的优惠政策和配套服务，既然是天使投资的高级版，自然少不了要增加一些渲染情绪的氛围：浓浓的咖啡香味，萦绕在空气中的新科技味道……这些元素糅合在一起，透射出一股浓浓的人文情怀，而这种情怀需要一个空间来承载——众创空间便应运而生了。

这是一个有着独特调调的众创空间，背靠六和塔、面朝钱塘江景，一场场咖啡沙龙为最具潜力的创业者和最智慧的资本，搭建了一座桥梁。从 2014 年 5 月开始，每个周四的下午，在浓郁的咖啡香和茶香中，一场场智慧的交锋散发出

硅谷的气息。

滨江六和桥，众创空间"5050计划加速器"，采取了"政策扶持＋创业导引＋持股孵化＋创业投资"的运营模式，已经促成了诸如杭州米趣网络等十多家创业企业的融资和成长。

北京有车库咖啡、创客空间、36氪等众多新型天使服务机构，而杭州也不乏浙江大学e-WORKS创业实验室、青创迭代空间、贝壳社创业实验室等入选"国家队"的天使孵化机构。它们不仅为初创者提供启动资金，还为其提供空间、经验、氛围乃至生态链，在创客空间里，创客灵感涌动，资源整合频现。在2015年这个不平凡的年份里，它们已经上演了一幕幕帮助创业者实现"从0到1"突破的感人场面。

既然进入了3.0时代，普通的项目自然入不了机构"法眼"，TMT（Telecommunication，Media，Technology，电信、媒体和科技）行业的获投比例远高于其他行业。更重要的是，投资和孵化机构不仅提供了专业的空间，还很注重细分和专注。

众创空间贝壳社，特别钟情于医疗健康行业的孵化，这样的医健类的孵化空间，也是国内首家。2014年创立迄今不过短短数年，贝壳社就以其独有的情怀脱颖而出。之所以说情怀，是因为在贝壳营，给创业者提供的是一系列系统的培训服务：为期18周的训练和帮扶，包括免费场地、种子基金、与风投机构和大企业的对接、知名创业导师指导等，大大提高了转化率。

其实，在新生代"众创空间＋天使投资"模式活跃的同时，老一代成功的杭商如华立汪力成、贝因美谢宏、康恩贝胡季强等发起的专项孵化基金或产业园区支持呼应天使投资，成为推动新一轮浙江产业资本转型升级的生力军。

展望4.0时代：让独角兽飞起来

3.0时代，自然少不了关于要打造几个乃至一批独角兽的遐想和期待。

　　硅谷之所以为硅谷，不是说其天使投资资金规模有多么大，而在于其创造出独角兽公司的概率之高。仅在 2014 年，硅谷已经诞生 16 个独角兽公司。从苹果、谷歌再到 Facebook、特斯拉、优步(Uber)等，好似这些世界级的公司都非"硅谷制造"不可。

　　而今天的杭州，几乎每一家众创空间的天使投资者都怀揣着打造一批独角兽公司的未来之梦。这不是没有可能的。

杭州会诞生多少独角兽?

　　根据 2018 年的胡润独角兽榜单，独角兽公司总市值中国位居第二，仅次于美国。从中国的省市来看，独角兽分布数量上，浙江位居第四，仅次于北京、上海、广东；若从市值来看，浙江已经位居全国第二，仅次于北京。

　　全球 50 位商业管理思想家之一阿尼尔·古普塔(Anil K. Gupta)解释说，大企业是硅谷模式的核心体制之一。

　　上海为什么终究未能创造出阿里巴巴这样的世界级互联网公司，与"中国硅谷"候选擦肩而过？

　　不是因为上海的大企业不够多，而是未能形成大企业滋润小企业的互补企业圈。而杭州却有这样的"互补"氛围：

　　杭州已经造就了阿里巴巴这家享誉世界的互联网"大咖"，还有网易、海康威视、蚂蚁金服等。而后的几年里，这批公司开始为杭州的天使及科技企业源源不断地输出人才、资本和创新创业文化。它们成就了时代的发展。

　　今天的杭州，与天使投资和众创空间相接相契相抱、相濡以沫的，是以阿里系、高校系、海归系、浙商系为代表的四大创业派系日益茁壮的队伍，是 3.0 时代的创业版图。

　　杭州，比肩硅谷，打造下一座天使之城，正可谓天时地利人和兼具。

众所周知,天使之所以被称为天使,是因为它总需要在九死一生中,砥砺前行。它的失败率高达99%。

但是,在杭州,这样高的创业失败率,因为一套日趋完善的创业服务体系,而变得不再那么可怕。

杭州市科学技术委员会联合微链发布的杭州创新指数报告显示,2017年,杭州创业项目增长率达4.09%,连续四年位居全国第一。在融资方面,共计有249个创业企业获得新一轮融资,吸金311亿元。企业服务和电子商务仍是杭州最热门的两大创业领域。

天使不会甘于平庸,依然会再加速进化。所以,身处3.0时代,我们不要过于讶异,为何杭州总是有一茬茬的"准独角兽"新星此起彼伏。

而实际上,除了传统的众创空间,更为激进的"升级版3.0"新生代"众筹空间"也已经在杭州露脸,如活跃在金融界的"江南愤青"和他的"江南1535茶馆",这家股东数超过2000人的茶馆,正在将天使投资之翼,从高端人群引向更为普遍的中产阶层。

随着人工智能、区块链技术和产业的日趋成熟,我们不知道,接下来更为先进的5.0版的天使投资会是怎样的一种状态。但可以肯定的是,天使投资的界限会变得越来越模糊,就像王刚投资滴滴,龚虹嘉投资海康威视,吴彬投资唯品会,他们介入得越来越早,但退出得却越来越晚。在这个过程中,一套投资生态服务体系的打造,门槛变高却又是不可或缺的。

目　录

捕手的修炼

捕手的秘籍

捕手的专注

1

捕手的修炼

龚虹嘉：
最牛天使投资人是怎样"炼"成的

龚虹嘉，迄今国内极为低调同时也是创造单笔投资收益纪录的天使投资人。他投资的海康威视，迄今收益逾 2 万倍。从零开始投下第一笔资金，一直到 2018 年 1 月海康威视成长为市值约 3800 亿元的 A 股巨无霸，他始终持股。在视频监控领域、流媒体等领域的投资收益不菲之后，龚虹嘉又开始对中医的投资流露出浓厚的兴趣，随即将投资的重点拓展至中医及生命科学领域。

他的偶像是美国创业界堪称"钢铁侠"的埃隆·马斯克（Elon Musk，特斯拉创始人）。到今天，他们之间的财富差距并不大，性情上也有相似之处：都不愿走寻常路。关于这个"外星人"，龚虹嘉也是不无感慨地这样评论：

"年轻时甚至儿时的梦想，最后都能在自己的努力拼搏下成真。这应该是完美人生的最高诠释。我现在愿意相信，来到地球上的少数人是被加载了超能天赋，也被赋予了特殊使命的。"

显而易见，他在评论马斯克，同时也在提醒自己未来肩负的使命。

投资案例：海康威视、富瀚微、联合光电、上海傲源、嘉博文、泛生子基因等。

因为海康威视不断高涨的市值和龚虹嘉持续的减持动作，这位曾经深深隐藏在海康威视背后的"神秘投资人"，被越来越多的人所熟知，他再也不是那个深藏不露的天使投资人龚虹嘉了。

1965 年出生的龚虹嘉，籍贯湖北，毕业于华中科技大学，现为嘉道谷投资管理公司董事长、嘉道私人资本管理合伙人。迄今为止，他投下的最伟大的项目是海康威视，累积收益已逾 2 万倍。在 2017 年福布斯中国富豪榜排名 15 位的他，没有给自己添置一处房产，没有一辆私家车，一直朴实得好像什么也不曾得到过，一直"寡淡"地走在人群中，毫不费力地隐身着。

他到底是怎样的一个人？他成功的秘诀何在？通过对他的创业及投资事迹的梳理，我们试图找到答案。

龚虹嘉

不得不说的海康威视　增值超过 2 万倍的神投资

16 年时间，从 245 万元到近 600 亿元市值，增值超过 2 万倍，这是发生在杭州最牛的天使投资故事。

故事的主角是龚虹嘉，被投资的主体是中国安防领域的龙头企业海康威视。

2017 年年初，海康威视市值突破了 3400 亿元，是中小企业板市值当之无愧的第一。别的不说，仅 2017 年年初以来，海康威视的市值涨幅又超过了 100%，海康威视的未来还有多远？谁也不知道。但此时再去计算作为海康威视最早的天使投资人之一的龚虹嘉持有的海康威视的市值，已超 525 亿元。再加上在这期间他先后 19 次减持套现的资金近 100 亿元，他投资海康威视的投资增值已经超过 2 万倍。2 万倍是什么概念？当年给苹果投资 9.1 万美元的天使投资人最终获得了 1692 倍的回报，硅谷最牛的天使投资人托马斯·阿尔伯格（Thomas Alberg）投资亚马逊 10 万美元，最终的回报也不过 260 倍。①

投中像海康威视这样的行业内"独角兽"企业，本身并不稀罕。真正稀罕的是，他是如此"长情"，一次投资，持有时间长达 16 年。即便是在海康威视 2010 年上市之后的 7 年时间里，龚虹嘉也只是少量套现，依然高比例持股（截至 2017 年 12 月，龚虹嘉持有海康威视 13.85 亿股，持股比例高达 15％，为海康威视第二大股东）。

但是十多年前投资海康威视的时候，龚虹嘉也只是抱着"帮帮老同学"这样的简单目的，未曾想过有一天海康威视会走得如此之远。

海康威视的创始人陈宗年、胡扬忠等均是龚虹嘉在华中科技大学的老同学，彼此熟悉。而当老同学找到他，希望他帮忙时，身边几乎没人看好这个项目。一则这几个人此前均在国企做研究，毫无创业经验可言；二则他们的家人均不支持他们就此脱离国企职工身份，白手起家。

但是龚虹嘉偏偏喜欢逆常理行事，不仅支持他们，而且还无条件地配合创业团队，做到公司需要时就参与管理，一旦团队成熟、业务上了轨道，又适时地淡出。甚至中间因为政策变化，在公司股权激励计划无法施行的情况下，为解决团队的股权激励问题，他曾做过数次无偿让股。作为曾经的创业者，龚虹嘉明白，没有什么比团队合理持股、股权架构健康更为重要的事了，这些布局是从根源上解决了团队的战斗力问题。

---

① 《天使投资起舞刀尖上》，投资界，http://cyb.stock.cnfol.com/chuangyefengtou/20150826/21346355.shtml。

在海康威视的创始人里，陈宗年为人和蔼健谈、善于战略规划、思维活跃；胡扬忠低调、务实，创业以来，不论风雨，意志从未动摇过。他们几个人埋头实干，一手打造了今天数千亿元市值的海康威视。虽说海康威视属于国企，有着天然的资源优势，但创始团队始终用创业者的热情来经营公司，着实难得。

2017年，胡扬忠在接受安防专业杂志采访时说，企业成功更多是因为没有杂念，在恰当的时机做了恰当的事。他们不是最优秀的，但他们却是最愿意坚持的。这股"守拙"式的劲，让海康威视成为今天安防业的全球龙头企业。

一直到今天，海康威视的故事还远没有结束。当互联网进一步普及，当大数据成为新的风口，已经在布局人工智能和大数据的海康威视，又开启了新的征程，努力把握住大数据、人工智能时代，开始新的创业故事。

龚虹嘉的成功之处在于，懂得在最恰当的时候投资一个对的团队，并且"甘于平静和寂寞""心不为风动"，坚持"守拙"，静静等待收获。

提及股市价值投资的逻辑和意义时，投资大师罗杰斯（Jim Rogers）曾经说过，成功的投资取决于两点：第一，找几只好股票；第二，做一个有耐心的人。

什么是成功的投资之道？罗杰斯说，成功投资家的做事方法通常就是什么都不做，一直等到你看到钱就在墙角摆着，你唯一要做的事情就是走过去把钱拾起来。

罗杰斯说的"什么都不做"当然不是鼓励我们用懒惰对待一切事情，而是说要坚定你的投资逻辑和理念，然后贯彻执行，用坚信来"守拙"，用不变的"守拙"去应对一切变化。

龚虹嘉的逆向投资逻辑，似乎与罗杰斯等投资大师们有着异曲同工之妙。事实也证明，当"守拙"的创业者，碰上了"守拙"的投资人，是一件多么完美的事。但现实中这样的完美匹配却总是可遇而不可求。

关注那些不被看好的,然后出手

衣着朴实、说话随和,走在人群中毫无特殊之处,甚至来到国内的银行大厅办个信用卡,都不能审核通过,因为他的个人信用记录里没有买房、买车的记录,更没有消费记录……这是隐居于世的天使投资人龚虹嘉的现实生活。

生活中的他,如此普通,普通到连银行里那些最精明的理财师也没有将眼前这位"三无人士"与 2017 年福布斯中国富豪榜里那个高居第 15 名的富豪联系在一起。

但和朋友们聊起这样的生活尴尬细节,龚虹嘉并不以为意。他继续低调地默默做着他的投资,寻找适合他投资的标的,其间的逻辑还是与当初投资海康威视一脉相承——不求海归,不求热点,专注于那些被人忽视的"冷门"。

"通常都是没有人看好的(项目),会来找我,让我帮忙投资。我是救急队队长。"在一次和朋友的闲聊中,龚虹嘉坦露心迹。做投资,他总是担起"侠士"的角色,看似无心,却是个不走寻常之路的"有心人"。

除了海康威视,他还成功创业或投下了富瀚微、德生公司、德康以及富年科技、联合光电等近 20 家企业。其中,富瀚微、联合光电已经是上市公司。

德生公司是龚虹嘉在 1994 年参与创业的第一家公司,他的早期投资资金可以说主要来自于德生。

1994 年,收音机行业已经是夕阳产业,受到电视业的冲击,困境重重。但龚虹嘉在内心盘算一番后,还是决定投资建厂,要做高端产品,与索尼、松下等日本厂商抢占市场。结果,他在这样一个"夕阳产业"里,硬生生开辟出一片蓝海。由于高端市场上竞争者寥寥,他很快就将德生收音机的销量做到了全国第一。

2002 年,龚虹嘉又果断出资成立了富年科技,这也是中国第一家在 2.5G 的 GPRS 网络上向手机用户传送电视直播信号的公司。富年科技创办时融资

2000万元,上海联创和美国IDG基金均深度参与了该公司的发展。

因为看好公司业务,他还一口气围绕着产业链成立了5家关联公司。同样,当时也没人看好。但3年后,通信技术迈入了3G时代,流媒体时代来势汹汹,富年科技顺理成章地抢占了行业先机,成为流媒体领域首屈一指的创新公司。

后来,有中科院计算所专家找富年科技合作时,惊讶于龚虹嘉的前瞻性,好奇地问:"你怎么能在2002年就敢做流媒体这个事?"龚虹嘉笑笑回答道:"等你们觉得可以做的时候,还轮得到我吗?"

在龚虹嘉的创业和投资哲学里,他始终信奉:水利万物而不争。投别人不看好的项目,做别人不愿意做的事,看似"忍让",其实是另辟蹊径,"如果大家都看到一个点,我肯定拼不过更优秀的人"。

其实道理不仅仅是道理,资本圈里从来不乏这样的名人轶事。20世纪90年代,搜狐创始人张朝阳果断拒绝过马化腾,张朝阳也曾经拒绝过今日头条,并对其产品不屑一顾。历史总是惊人的相似。若干年后,当马云怀揣着他的电商梦去找马化腾,马化腾也没有理解马云的梦想,拒绝投资……

对这些拒绝和被拒绝的故事感同身受,龚虹嘉预言:下一个很牛的东西,往往会由现在被牛人不屑一顾的人创造,历史一直是这么上演的。

出于对历史经验和成功颠覆者的深深敬畏,龚虹嘉更愿意将自己过去的成功归结于"运气"。

"我愿意宣扬自己是一个幸运的人,因为与国内主流专业的机构投资人相比,我显得太不主流、太不专业。其实,我们每个人身处的时代、生活的圈子、成长的环境,都是我们运气的重要组成部分。"2017年,在清科创投的基金年会上,龚虹嘉这样谦虚地分享他的成功经验。

他相信,一个人如果心地善良、心存感激并且愿意相信、敢于创新、勤于思考,好运就会悄悄靠近。

"上天入地"，探索生命科学的奥妙

根据龚虹嘉这些年的创业和投资项目的思维路径，可以将他的创业投资历程划分为三个阶段。

第一阶段：自己创业（1994—2001年），创办德生、富年科技等公司。此时的龚虹嘉还是一个纯粹的创业者。当然，这些成功的创业项目为他以后的投资奠定了财务基础。

第二阶段：信息通信、安防领域的投资（2001—2016年）。投资了富瀚微、联合光电、海康威视等公司，其中以投资海康威视最为典型。

第三阶段：深度布局基因、中医药等生命医学产业（2016年至今）。投资了上海傲源、嘉博文、泛生子基因等公司。近两年来，已到"知天命"之年的龚虹嘉竟对可能改写人类命运的基因、对积淀了中国数千年文化精髓的中医药产业产生了浓厚的兴趣，不知不觉布局已深。

值得一提的是，从基因的布局思维逻辑里，能明显看出这位天使投资人的成长和蜕变。他再也不是那个长久以来不关注海归，只关心"土著"的投资大牛了；带着强烈的好奇心，他已经跟随自己的认知成长，将投资目光投向了国际及海外前沿科技市场，尤其是医疗领域。

龚虹嘉投资医疗产业，最近的一次露面是在中源协和的并购上。2017年11月8日，中源协和公告，已就公司购买上海傲源医疗用品有限公司100％股权事项达成了初步意向。

上海傲源医疗用品有限公司的背后实际控股股东正是龚虹嘉。事实上，龚虹嘉布局上海傲源不过短短数月时间。此前，因为股东意见不统一，中源协和两度并购上海傲源都没有成功。直到2017年9月14日，上海傲源完成多项工商变更，除了改变了名称，股东也发生了较大变化，原股东嘉兴中源协和股权投资基金合伙企业(有限合伙)退出,深圳嘉道谷成功投资企业入股。

深圳嘉道谷的背后,正是龚虹嘉的资金。工商资料显示,深圳嘉道谷的规模为 20 亿元,执行事务合伙人为深圳嘉道谷投资管理有限公司。嘉道谷的股东只有两位:龚传军持股 20%,陈春梅持股 80%。而陈春梅与龚虹嘉为夫妻关系,龚传军与龚虹嘉为兄弟关系,因此其背后指向的均是龚虹嘉本人。

能让龚虹嘉这位传说中的投资大牛一次性拿出 20 亿元来参与并购,上海傲源自然有过人之处。资料显示,上海傲源目前经营的业务主要通过其全资子公司北京傲锐东源生物科技有限公司(OriGene Technologies, Inc.)开展,该子公司是一家以基因研究起家的生命科学及医学诊断研究领域的试剂、服务供应商,主要产品包括基因、抗体及体外诊断相关试剂,产品广泛应用于生命科学研究及体外诊断领域。

在中源协和并购一事上,龚虹嘉又一次在"危难"之际"拔刀相助",扮演起"侠士"角色,这倒是他一贯的投资作风。问题是,如此巨额的数十亿资金从哪里来?

在上海傲源完成工商变更的十多天后,海康威视的减持公告透露出了端倪。2017 年 9 月 27 日,海康威视公告,公司董事龚虹嘉通过大宗交易减持 1.07 亿股,总计套现逾 31 亿元。可以想见,龚虹嘉少有的海康威视减持举动,很有可能是为他购买上海傲源腾挪资金。

除了上海傲源,龚虹嘉还对初创期基因创新公司进行了大量的布局。近两年来,公开的资料显示,龚虹嘉已经不知不觉间投下了泛生子基因、博雅辑因(北京)生物科技有限公司(EdiGene)等数家基因相关创业公司。

作为泛生子基因的天使投资人,龚虹嘉在泛生子基因创立之初便参与其中,甚至还深度参与了核心团队的组建。

泛生子基因董事长何为无,是一位基因研究领域"全能型"人才:懂技术、懂市场、有连续创业经验。

何为无是美国贝勒医学院分子生物学博士，美国宾夕法尼亚大学沃顿商学院工商管理硕士；先后在美国梅奥医学中心（Mayo Clinic）和麻省总医院（Massachusetts General Hospital）进行癌症研究工作、担任哈佛大学助理教授，后加入人类基因组科学公司（Human Genome Sciences, Inc.），致力于生物科学领域里最前沿的革新技术产业化。何为无现任美国傲锐东源科技公司董事长兼首席执行官（CEO）。他还在美国创立 Emerging Technology Partners（ETP）投资公司，主投生物医药行业，龚虹嘉也是 ETP 的合伙人。

泛生子基因是何为无近几年来结合过往经验和人脉积累而成的一大心血之作。成立之初，他邀请龚虹嘉进行天使投资，邀请世界级的癌症基因组学专家、美国杜克大学癌症分子基因组学实验室主任闫海担任首席科学家，并邀请彼时已经连续成功创业、正欲回国创业的王思振出任联合创始人，负责公司的具体运营。

闫海和王思振成为泛生子基因"从 0 到 1"的两位关键人物，但中间也颇费周折。刚开始，闫海对加盟泛生子有很大的顾虑。他心怀成为全世界最优秀的脑胶质瘤科学家的宏大梦想，担心投资人对商业的逐利可能会让他的科学家梦想破碎。为此，闫海还专门到香港找到龚虹嘉，两人经历了一番长达 6 个小时的深夜长谈，龚虹嘉现身说法，讲述过往的那些成功投资案例，来阐明自己的价值理念，以打消这位世界级科学家的所有担忧和顾虑。

这是一家含着"金汤匙"出生的创新公司，迄今已成就不凡。2015 年 10 月，泛生子基因完成 A 轮融资 1.35 亿元；一年之后，又完成 B 轮融资数亿元。龚虹嘉对其寄予厚望且坚定看好，为确保自己的股份比例不被稀释，他几乎每一轮都追投。2018 年 1 月，泛生子基因又完成了 C 轮 5 亿元融资，投前作价 20 亿元。龚虹嘉再度坚定地跟进，又投了 2000 万元。迄今为止，他在泛生子基因天使轮的投资已经增值了 100 倍。

作为一个人类生命中还未完全为人所知的领域，基因的奥妙确实耐人寻味又叫人好生向往。如果有一天解开了藏在基因里的秘密，人类历史都将被改写。这样的一个充满了无限想象空间的领域，龚虹嘉为之痴迷也是再正常不过的。但实际上，他对基因的布局之深，远远超出我们的想象，尤其是他对文特尔的公司的布局。

文特尔是谁？70 岁的克雷格·文特尔(Craig Venter)是个生物狂人。这位生物狂人身上有着亦正亦邪的特性。但他对基因的了解之深，怕是无人能够企及。20 世纪 90 年代，他曾公然挑战由美国政府主导的"国际人类基因组计划"。在取得一个又一个突破之后，他并没有就此止步，后来又成功地制造出了人工合成生命体，并创办了三家公司。2013 年，他创办了人类长寿技术公司。2017 年，这家公司最新一轮获得了 3 亿美元的融资，投资者包括美国生物技术巨头新基公司(Celgene Corporation)以及通用电气公司，当然，也包括了龚虹嘉。

文特尔说，有关未来的一切，都藏在基因之中。

基因写着人类的荒蛮历史，也同样写着人类的进化未来。只是无论过去还是未来，都深藏在迷雾之中。刚刚完成人类基因图谱时，个人基因组测序成本介于 1000 万～5000 万美元，但在 2010 年，这一成本已经降至 5000 美元。随着人工智能的强势介入，这一价格还将持续下降。

敏感如龚虹嘉，他从这位生物狂人的预言里，看到了基因产业未来巨大的应用空间。龚虹嘉对基因的未来前景充满畅想也是基于这个逻辑。对人类长寿技术公司的投资，意味着他在基因领域的介入之深，已经是站在了国际的制高点上。

谈及基因测序这一代表着未来趋势的"新物种"，龚虹嘉在 2018 年 3 月 12 日在杭州举行的第二届万物生长大会上，带着敬畏的语气这样描述："过去积累的知识，包括物理学、化学等学科交叉融合产生了'新物种'，15 年后人类将可以被合成出来也不是什么不可思议的事。"

一名成功的投资人，需要拥有一双善于发现"新物种"的慧眼，当这个新物种尚在萌芽之际便要敏锐地捕捉到趋势,并当机立断布局。从海康威视开始,龚虹嘉在投资之路上,一直在扮演着这样一个角色。

若问他,在这个节骨眼上什么是他发现的新物种,基因测序一定是其中最为重磅的一个。

他自己也毫不讳言,如果说还有下一个"海康威视",那应该是在生命科学领域,也许是一些治愈癌症的新物种,也许是让人类可以变得长寿的某些干预手段……

放眼国际市场,收罗"洋基因"的同时,龚虹嘉也没有"忘本"。他对中国中医药行业钟爱有加,对这个产业价值的理解,他也是入木三分。

2014年,龚虹嘉入股北京嘉博文生物科技有限公司,抢先入局土壤修复、中药材种植、循环经济领域。直接入局中医药种植的源头土壤修复领域,透露出龚虹嘉宏大的理想和他对中医药产业的深刻理解。

有业界人士就天使投资、风险投资(venture capital,VC)和战略投资之间的差异,提出以下等式:天使投资＝农耕模式,VC投资＝狩猎模式,战略投资＝养殖模式。龚虹嘉在自己的微信上发短句自嘲道:"难怪我热衷于和嘉博文公司讨论改土种地的事。"

如他所言,在投资的中医药项目中,龚虹嘉给予了嘉博文比较高的关注度。这一次,他投下的又是一位业界大牛——嘉博文董事总经理于家伊,业内尊称其为"土"专家。

嘉博文的"土壤清洁工程"有何过人之处,能引得龚虹嘉"为之折腰"? 从嘉博文在上海的一次成功的技术应用中可见一斑。

2017年11月,上海闵行餐厨废弃物资源化项目成功运行,主导这个项目的是嘉博文。通过其最新研发的技术,嘉博文可以将城市里最为头疼的餐厨废弃物变废为宝,制成肥料滋养土壤。龚虹嘉同时还透露,这项技术还可以与海康威视的人工智能技术"珠联璧合"。智慧农业因此成为佳话。

他喜欢这样的投资，产业本身就是向善、造福人类的，技术创新又具有无限的应用市场和想象空间。

为什么要从"源头"上切入，投资土壤净化类的项目？这既是基于他对中医药价值的深刻认识，也是基于他对中国中药材产业发展症结的深刻认识。

中国虽为中药材原产国，但是所占的全球市场份额却只有10％左右，剩余的90％市场份额被日、韩等国家控制。因为日益严重的土壤污染问题，国内的中药材品质正遭遇质疑，给整个中医药产业带来了近乎毁灭性的破坏。[①]

毋庸置疑，中医药产业的价值正在被世界认知，但如何解决中医药发展的最深层次、最棘手的"痛点"？龚虹嘉找到了嘉博文这样一家"土"公司，并对其寄予厚望。

我们知道，冰冻三尺非一日之寒。我们也都知道，愚公移山，铁棒也能磨成针。在土壤净化这条路上，龚虹嘉是打算将他当年投资海康威视的那股"拙劲"使上了。

天赋和使命：财富之外还有担当

从龚虹嘉在生命科学领域的布局理念可见，他已经跳出原本的"只投'土鳖'不投海归"、早期的"中"和"洋"界限分明的逆向投资思维逻辑。从中，他完成了自身的成长和完美蜕变。

关于"中"和"洋"，龚虹嘉有着一番辩证的论述。

他说："在当前的商业生态环境下，一个理想的企业家应该贯通中西——不仅要熟悉本土的商业逻辑和环境，还要深谙东方历史文化和传统；不仅要懂得西方做生意的语言和规则，还要学会运用现代企业的高效管理手段和工具。"

---

① 根据杏林大讲堂文章《日本占据全世界90％的中医药市场份额，中医何去何从》，2017年8月26日。

他也说,在中国,企业家和经理人都是宝贵的资源,应该相互尊重,平等相处。不要"有钱人"看不起"读书人",也不要"海龟"看不起"土鳖"。

此时此刻,在美国的硅谷,有一位举世无双的国民创业英雄人物,人称"钢铁侠"。他思维天马行空,专做常人无法企及、开天辟地式的伟大之事,比如造新能源汽车,拯救美国汽车业,比如要制造宇宙飞船,带领未来人类入驻外太空……

他是埃隆·马斯克。

而在中国,一直将马斯克奉为偶像的龚虹嘉,同样是一个特立独行的人。只不过,他的性格和行为处事风格和他的偶像完全相反,一个是张狂之气盖过好莱坞最红影星,一个低调得彻头彻尾,隐匿在人群中无人知晓。

不知不觉间,龚虹嘉的财富水平已经与他的偶像越来越接近。根据 2017 年福布斯全球亿万富豪排行榜,马斯克的净值资产为 139 亿美元,折合人民币近 887.6 亿元,龚虹嘉的财富为 681.9 亿元,两人财富相差约 200 亿元。

但实际上,马斯克也好,龚虹嘉也好,他们的成就和财富本身远不止于上述的数字。仅从龚虹嘉持有的海康威视市值来看,其价值就已高达 525 亿元。马斯克也是,迄今他创办的 5 家公司均有不同程度的技术突破,而其中无论哪一家成长起来,都有巨大的想象空间。

两人不谋而合的是,他们在财富面前都生出一份改变世界的责任和担当。只不过,龚虹嘉从"隐世"到高调地担当,有一个蜕变的过程,并非一蹴而就的。

萨特说,自由是一种选择。我们都是自己人生下一章节的剧作家。儿童时期,龚虹嘉从未想到自己有一天会有这样一番作为,当一次次的选择和人生的剧本章节,都如他所愿地实现了,人存在的价值因而有了最完美的诠释。

但他一度更向往自由而不是担当。所以在之前的很多年时间里,他一直是作为一位"神秘投资人"存在,不为人所熟知。他会刻意地在生活中将自己平民化,与财富划出一道清晰的界限,避免自己"迷失";更多的时候,他习惯于"独来独往"，有自己的一片小天地，为了维持自己在投资判断上的独立性，当然也为了"自在"。但当财富持续增长，他的认知水平随之同步进阶，他开始意识到了自己的显著变化。他开始走出以往的认识"褊狭"，不断地为自己寻找更新的"使命"和担当。

在看了美国硅谷顶级创业孵化器 Y Combinator 的合伙人对话马斯克的一篇文章之后，龚虹嘉这样评论：

> 年轻时甚至儿童时的梦想，最后都能在自己的努力拼搏下梦想成真。这应该是完美人生的最高诠释。我现在愿意相信，来到地球上的少数人是被加载了超能天赋，也被赋予了特殊使命的。

这段评论透露出了他的心路演变历程。

美国思想家安·兰德(Ayn Rand)说，财富是一个人思考能力的产物。一个人的独立思考和判断能力，和他的财富能力是正相关的。

资本是中性的，它的毛孔中没有血也没有泪，只有交换恐惧症者的褊狭激愤。同样，人性最大的法则，是不介意自己得到多少，不对自己的付出耿耿于怀。龚虹嘉说，当你认知到恐惧和褊狭所带来的障碍，尝试着摆脱这种天性中的交换恐惧，公正地看待每个人的付出，或许才是获得财富认知的关键。

所以，做到了公正、不恐惧、不褊狭，"守拙"与"守拙"的碰撞可能就不再那样可遇而不可求了。所以，基于这些认知上的觉悟，"幸运"才来得如此自然而频繁了。很多人以为大多数的成功只是源自偶然和幸运，但龚虹嘉用他一次次的成功告诉我们，事实并非如此。

龚虹嘉虽然谦虚地将其财富的获得归结为"运气"，但一切真的仅仅是"运气"那么简单吗？投资有时候不仅仅考验你对行业的认知深度，它更考验你对人性的理解深度。

龚虹嘉说，何其幸运，中国有韩寒式的青年健康成长，足以证明我们有着足够包容叛逆少年的环境；同理,中国投资界又何其幸运,有着足够包容的环境,让龚虹嘉式的投资人低调成长、蜕变,完美演绎出中国版最朴素的天使投资故事。

他依然在尝试着完善自己的知识架构,并且用代表着能力的财富去支撑起一个更加理想化和智能化的未来世界。没有人知道龚虹嘉的投资生涯还能走多远,至少从他今天的布局和格局来看,他再投出一个更甚于海康威视的独角兽也并不是什么太令人惊讶的事。

余国良：
解读生命的密码

爱笑又热衷美食的余国良,迄今依然保持着一颗未泯的童心。每逢节假日,他喜欢在美国的家里邀请三五好友相聚。而这些好友通常不是世界知名的生物学家就是肿瘤界的知名专家,他也总是喜欢自己亲自下厨,"才艺展示"一番。每每来到世界各地,他也爱随手拍摄记录下饭桌上的美食,与朋友圈的一众好友们分享快乐。

1983 年,在复旦大学生物系的余国良,幸运地拿到了第三届 CUSBEA (China-United States Biochemistry Examination and Application,中美生物化学联合招生) 项目的资助,从此开始踏上了留学美国的新征途。留美期间,他参与过诺贝尔获奖研究项目端粒酶的研究,也曾经深度参与过美国最早的人类基因工程的研究项目,他本来很有可能成为一名世界级的顶尖科学家,但他却在关键时刻转换轨道,踏上了连续创业之路,现在又成为投资人、创业导师。

他为何最终选择了一条市场化之路?后悔过吗?当无数人问起,他也总是坚定地回答:"一秒钟都不曾后悔过。"

投资代表案例:中美冠科、冠科美博制药(CBT)、Immune-Onc 等。

2018 年,一个春光明媚的下午,杭州山南基金小镇。

余国良带着他投资的 3 位 CEO 亮相杭州,向在杭的绩优资本、科发、浙科等多家投资机构介绍他打造的"健康王国"——近 30 个由他投资或从零开始创建的生物医疗项目所组成的大健康生态圈。这也是余国良在 2017 年 5 月担任美国浙江商会会长之后首次在杭亮相。

这 30 个项目涵盖了基因诊断、干细胞、肿瘤新药研发等生物医疗的各个细分领域。

一个月后,余国良又再度带着他的项目,与浙江省风险投资行业协会举办了一次深度项目交流座谈会,双方同时还签订了正式的战略合作协议。这一次,余国良还带来了 30 个项目之外的又一个更宏伟的项目——健新原力。

这是一个占地 100 余亩的生物医药生产基地项目,目标是建设一个新一代抗体药物产业化基地,拟投资额超过 20 亿元人民币。这将是余国良在自己事业有成之后,带给他土生土长的家乡杭州的一份"豪礼"。

余国良是谁?在他意欲打造的那个宏大的健康理想国里,都有着怎样的精彩故事?与其他投资人相比,余国良是 20 世纪 80 年代海归回国投资的一个典型代表。

余国良

出走：从学术到创业

余国良出生在浙江绍兴，中学时代在浙江省杭州市第二中学就读，后考取了复旦大学生物化学专业。

36 年前，为了能为中国培养国际一流的生物学家，著名华裔生物学家、美国康奈尔大学教授吴瑞发起创办了 CUSBEA 项目。该项目为中国培育了 422 位杰出的生命科学人才，其中有许多位当选为美国或中国的科学院院士。

1983 年，就读于复旦大学生物系的余国良，幸运地拿到了第三届 CUSBEA 项目的考试资格，在激烈的竞争中脱颖而出，被美国加利福尼亚大学伯克利分校录取为博士研究生，从此开始踏上了新的征途。

刚刚来到美国不久的余国良，对伊丽莎白·布莱克本（Elizabeth Blackburn）教授的端粒研究产生了浓厚的兴趣。凭借努力，年仅 28 岁的他就在著名的《自然》杂志发表了一篇重要的论文。这篇论文和布莱克本实验室的其他发现一起，使伊丽莎白·布莱克本与其他两位科学家共同获得 2009 年诺贝尔生理学或医学奖。

在美国就读博士和博士后研究期间，余国良非常投入，也很享受一个个午后与导师漫步在通往 Café Roma 咖啡店的校园小路上，一起探讨学术的时光。布莱克本教授每次的开场白都是抛出一个问题："我们今天的理论是什么？"有理论才能有试验去验证。这个最根本的问题，至今仍让余国良觉得受益匪浅，成为他重要的思考模式。到现在，无论做什么事，他都习惯先问问自己：它的理论基础是什么？

余国良以优异的成绩完成了哈佛大学的博士后研究：成功地克隆出了人类发现的第一个植物抗病基因，并且发表了 8 篇作为第一作者的论文，其中 2 篇发表在《细胞》杂志上,1篇发表在《自然》杂志上。他本可以大踏步走在一条通往成为全球知名科学家的大道上,一次意外的选择却完全改变了他的人生轨迹。

1992年秋,哈佛大学的威廉姆·海泽尔汀(William Haseltine)教授辞去了哈佛大学教授一职,和克雷格·文特尔(Craig Venter)一起创建了曾经赫赫有名的人类基因组科学公司(Human Genome Sciences,HGS)。海泽尔汀是基因界的传奇人物,同时他还是一位非常有远见的科学家、创业家和资本家。海泽尔汀当时说服了包括余国良在内的8位来自中国的哈佛博士后加入HGS。据余国良回忆,他之所以选择放弃做教授的机会,是被一种"时不我待"的使命感所驱使。他记得当时海泽尔汀说:"我们将是发现第一个人类基因组的先行者,让我们把握这个创造历史的机会,它在人类史上也只会这么一次!"一种"时不我待"的使命感油然而生。余国良放弃了之前学术界的一切,毅然加入,开启了新的人生征程。

"我人生里很重要的一个转折就是从学术界到了企业界。"时至今日,余国良也毫不质疑当年这个决定的大胆性和突破性。当无数人问起,他也总是坚定地回答:"一秒钟都不曾后悔过。"

接受采访的那天,坐在萧山湘湖的游船上,余国良的身边既有他敬重的师长,也有敬仰他的年轻CEO们,大家欢聚一堂,一边游湖感受杭州最美的春色,一边畅想着未来。好像从一开始,他就清楚地知道自己要做什么。

余国良说,比起所有学术上的荣誉,他对科研成果的产业化更感兴趣。"归根结底,要对社会有用,必须以产品的形式表现出来。"他说。

求学期间,余国良就在思考一些人类健康的基础问题,如:细胞是怎么凋亡的?端粒酶和长寿是什么关系?怎么能让作物产量跟上人口增长?加入HGS之后,又在研究人类基因组,他做的事一直紧紧围绕着一个初衷:要让科技转化成为有用的产品。

因为有着明确的目标，也因为心怀伟大理想，肩负着改变世界的使命，那些年，一群年轻的科学家，夜以继日地奋战在实验室里，"很辛苦却又很有趣"。那是一段最单纯也最充实的岁月。终于，功夫不负有心人，余国良成功发现了一个药靶。后来 HGS 在他的研究基础上，开发出了首个治疗系统性红斑狼疮的抗体新药。有趣的是，这个药靶是肿瘤坏死因子家族中的一个叫 BLyS 的蛋白质，而 BLys 的氨基酸的序列里 3 个重要的氨基酸是 GLY，恰好是他名字的三个首字母（Guo Liang Yu）。

人类和肿瘤的战争已经进行了 40 多年，基因测序或许是人类找到的最可能制胜的"法宝"。在 HGS 5 年多的研究岁月里，余国良有幸比世界上其他科研人员更早地"窥视"到了基因的奥妙。

而这些扎实的基础和不断的积累，包括专业知识和人脉，都成为他日后走上创业之路的最大资本和自信。

锤炼：第一次成功的创业

在 HGS 的这些年里，余国良实际上并没有简单地痴迷于技术。在围绕着技术发现展开的专利发明和知识产权保护上，他也自学并积累了大量的法律和市场方面的知识。

这些法律知识也成为他日后创业中强有力的"撒手锏"。利用这些专业的法律知识，加上在基因研究方面的积累，他好像发现了科学和市场需求之间的联结点。

20 世纪末，人类基因组科学公司一度是一个资本市场的神话。但是基因研究与疾病的治疗之间却总是隔阂重重，基因研究始终做不出产品。最终，高估值的神话破灭了。

但经历过行业潮起潮落的余国良却从中得到了启示：从基因研究到疾病治

疗还有很长的路要走,这之间的桥梁抗体蛋白是解决从基因研究到疾病治疗的途径之一。他开始急切地四处寻找可产业化的抗体技术,一种廉价、高效又可量产的抗体生产技术。

一次,在国际学术会议上,余国良听到 Robert Pytela 博士所做的有关兔子单克隆抗体技术的报告,敏锐如他,一下子就确定:就是它了! 他会后便拦下 Pytela 博士商议,两人一拍即合。通过 Pytela 博士,他又几经周转,找到这个专利的持有人芝加哥大学,不惜重金买下专利,与 Pytela、朱伟民、张东晓 4 人成立了宜佰康(Epitomics),开启了创业之路。

从 2001 年开始,宜佰康一做就是 10 年。2011 年,宜佰康将试剂部分以 1.7 亿美元的高价卖给了 Abcam 公司,这一价格是当年公司销售额的 7 倍多,也是宜佰康拟上市挂牌价的 2 倍之高。

此役之后,余国良一战成名,也实现了财务自由。在 10 年的创业生涯里,创业者遇到的各种各样的坑和走过的坎,他一个都没有落下。

对创业企业而言,最难的是问题是融资。创业之初,刚好发生了"9·11"事件,融资之路变得困难重重。他连续找了 30 多家投资公司,均未能成功,最终只能找到身边的朋友解燃眉之急。他求助的朋友之一正是后来 Epitomics 的天使投资人方瑞贤。

方瑞贤在 1984 年创办的 Clontech 公司,是第一家由亚裔人士创办的基因库,且是最大的分子生物公司,在创立 15 年后,公司以 2 亿美元卖给了美国 BD 公司(Becton, Dickinson and Company)。公司被收购后,方瑞贤创立了恒信创投 (Kenson Ventures),从事天使投资活动。方瑞贤给出的第一笔天使投资,让余国良的创业得以落地。

"他是我的创业导师。"余国良说。在那之后,每每在创业上碰上什么难题,余国良都会去找方瑞贤寻求帮助。而作为回报,余国良也铆足了劲要给导师兼"恩人"财务上的超额回报。

　　"我一直告诉自己也告诉投资人，我首要的任务是给你们的投资带来超额收益，然后在这个过程中，把我认为有意义的事情给做了。而实际上，创业是一种历练，当你把事情本身完成了，赚钱就成了自然而然的事情。"

　　那天清晨，在杭州滨江区钱塘江边的最美跑道上，余国良一边快走一边遥想过去的事件，一件一件，依然历历在目。生命很短暂，人生匆匆而过。他说，那时候的他从来没有想过自己有一天会去海外求学，会师从诺贝尔奖得主，又与一群顶尖的科学家为伍。他更加没有想到的是，有一天自己会走上这条创业之路。

　　我们总以为，一个伟大的创举，多少要伴随着一个从小开始规划的伟大的梦想和规划好的路线图。但实际却并不尽然。

　　马化腾说，在创业的那些年，他们从来没有想到过未来，每天都在为明天能活下去而苦恼不已。余国良也是。他说，他小时候是被父母"放养"的，从来没有立志创业或成为科学家。后来走上了创业之路，他每天思考着如何活下去，更无暇顾及"风花雪月"。

　　为了持续融资，余国良还不惜代价，"三顾茅庐"找来了比尔·拉特（Bill Rutter）教授。比尔是生物界教父级的人物：既是美国科学院院士，也是全球最早的生物技术公司——Chiron 公司的发起者和 CEO，正是他发现了丙肝病毒。余国良清楚地知道，比尔·拉特的投资和他的加盟，可以带来的资源，能够在某种程度上确立 Epitomics 的行业地位。为了说服比尔，他开出了让人无法拒绝的条件：自愿让出公司第一大股东的位置。

　　同时，考虑到公司的盈利能力，他又狠心做出了貌似"自断其臂"的决定——解散了新药研发部。因为新药研发的投入周期很长且成本过高，会导致公司出现现金流危机。虽然实际上他自己真正的兴趣点在新药研发，他也清楚，若干年后，新药研发一旦有了成果，其爆发性将超乎想象。但眼下，活下来才是真谛。

一直到数年后 Epitomics 迈上正轨，余国良才重新启动新药研发的事业，设立了 Apexigen 公司，聘请了杨晓东博士出任 CEO。他同样采取了"让贤"思维，虽然这家公司他持股比例很高，却坚持不进入董事会，将公司的管理权全权出让给创业者并给予他们完全的信任。

在今天看来，Epitomics 从产品立意到投资、管理，是余国良的厚积薄发之作。从专利购买开始，他就极度用心地经营着这一作品。

Epitomics 的成功进一步让余国良确认了自己的人生道路。与此同时，受到方瑞贤的影响，在经营 Epitomics 后期，余国良已经开始抽出部分精力用于指导年轻创业者。

他会定期参加活动，听年轻创业者的困惑，帮忙解决问题。"归根结底，每个企业成长中都要面临很多问题，但林林总总其实都归结为一个问题——定位问题。'我是谁?'想清楚了这个问题，所有的问题也就迎刃而解了。"

这是 Epitomics 在 10 年实战经验中锤炼出来的创业真经。但余国良没有想到的是，用这一条"创业真经"，他真的成功拯救了一家濒临倒闭的高科技公司，并用短短三年时间将其打造成了一家上市公司。

升华：起死回生的管理术

中美冠科，是余国良创业生涯中的又一个堪称经典的战役。

中美冠科生物技术有限公司是一家全球性的新药研发技术平台公司，主要提供肿瘤和心血管代谢疾病体内及体外药效测试服务、药物筛选、药物代谢分析及转化医学领域等研究服务。在余国良接手前，这家公司每年亏损达 1000 多万美元，财务压力巨大。

中美冠科的董事长朱伟人和余国良住在同一个镇上。他对余国良的职业历程非常清楚，便带着两位董事会成员四度到余国良家中商谈，恳请他"出山"

担任中美冠科董事长。

到了第四次到访时，眼见余国良迟迟没有表态，朱伟人脸色一沉，不满地对余国良说："刘备请诸葛亮出山也就三顾茅庐，你这架子不小啊！"

对余国良来说，这确实是一个艰难的选择。当时所有人都劝他：这条船就要沉了，是很难救回来的。包括他的创业导师方瑞贤也说，这一次如果失败了怕是"晚节不保"，何必要冒这个险？

但余国良说，真正把这个担子接下来，不是被朱伟人"吓到了"，而是他意识到这是一件好玩的事。"想让我做的事，一定要好玩，好玩的定义里包括了巨大的挑战和刺激。"余国良说。

如果能够把这条"沉船"给救回来，确实很刺激。

2013 年，余国良正式出任中美冠科董事长。接手之初，他原计划只花自己一半的精力，但事实上，前期他可以说投入了 120% 的精力。

通过前期的接触，他清楚地看到了中美冠科的症结所在：业务定位不够清晰，各个部门没有形成合力，更谈不上盈利模式了。"一批世界顶尖的科学家，却都不好意思谈怎么赚钱的事。"在余国良看来，这是一个非常有意思的现象，但也是大多数科学家创业不得不正视的普遍问题。

到任中美冠科的第一天，他抛给了团队两句话，第一句话是"你们是精兵强将弱帅"；第二句话是"你们是在替他人作嫁衣"。

语气虽然说得重了，却一语惊醒梦中人。余国良解释，生物技术产业最赚钱的是做药品，而 60 多个留美博士，一群生物界的技术大牛，却偏偏选择做CRO(contract research organization，新药研发合同外包服务机构)。"通俗地讲，这是让天才去做搬砖的农民工的活。"

中美冠科应该怎样做好定位，发挥自身优势？余国良特别组织了"杭州会议"，让所有的管理层飞到杭州的西子湖畔来一场头脑风暴。几天几夜的激烈讨论均围绕着一个目标——中美冠科如何在三年内成为行业老大？

当时,有人提出伟大的设想:我们要在三年内打败竞争对手药明康德——当时 CRO 领域的领头企业。余国良却大泼冷水:"如果我告诉你,这辈子你永远打败不了竞争对手,你该怎么办?还要硬着头皮去撞墙吗?"

在几天几夜的激烈讨论无果之后,余国良的思路却逐渐清晰起来,他提出了自己的观点:与竞争对手进行差异化竞争,聚焦肿瘤药效研究。这与原来的业务大相径庭,结果是 250 人的团队,超过 200 人不得不更换岗位甚至是走人。

最终,三年后的中美冠科如愿成了肿瘤药效领域的领头羊。此时的中美冠科也早已不是当初的那个中美冠科:从 200 多人发展到 600 多人的大团队,而三年前的老员工仅剩 50 人了;从当年的每年亏损 1000 多万美元,到 2018 年预计净利润可实现 1000 多万美元。

大刀阔斧地变革,比从头开始新创立一家公司还难。余国良感叹:"到目前为止,我所有管理过的公司里,最难的就属中美冠科。"当然,回顾自己的职业生涯,他最得意的也当属中美冠科。

2017 年,中美冠科与日本 JSR 株式会社及其子公司 Gallo Merger Sub Corp. 签署合并协议。根据协议,JSR 以每股 75 元新台币的价格收购中美冠科 100% 的股份,总收购价格约 120 亿元新台币(约合人民币 26.4 亿元),这个收购价是当时中美冠科在台湾股市市值的 2 倍有余。这又是一场近乎完美的收官。

年轻时,余国良跟随海泽尔汀见识了一个基因组公司跌宕起伏的故事:如何一夜之间被华尔街捧上天,拥有高达 100 多亿美元的市值,又如何如同坐过山车一般,"一夜回到解放前"。"心变大了,视野也更广更远了!"这段经历为他之后的连续创业之路奠定了基础。

其实这也不算什么,毕竟只是别人的故事。但他敢于在功成名就之后再次挑战自我,成功拯救了一艘在所有人看来就要"沉没的船",使其重新焕发青春。这一次之后,余国良对自己的未来道路更加明晰且信心十足了。

罗素说，我们有力的道德就是通过奋斗取得物质上的成功，这种道德既适用于国家，也适用于个人。在无数次窥视到生命的奥妙，在浩瀚宇宙中生出个人渺小的无力感之后，余国良一次次走在了这样一种"道德"的奋斗道路上，遵循着一条他所认可的、成就自己也成就别人的价值观。

回归投资：窥视生命的奥妙

在艰辛的创业路上，寂寞、孤独甚至自我怀疑，个中滋味只有创业者自己能懂。但余国良似乎比别人幸运得多，方瑞贤也好，比尔·拉特也好，他一路上遇到的这些对他伸出援手的"贵人"，都是在业界响当当的人物。这些人为何总会在关键时候"施以援手"？

余国良说，首先你要让自己做个正能量的、有趣的人，让别人和你在一起会非常开心和舒服。

《菜根谭》里说，处世让一步为高，退步即进步的张本；待人宽一分是福，利人实利己的根基。余国良将其奉为处世哲学。他说，让人舒服的能力，也是一种软实力。

这些处世哲学，他是从自己的求学和创业经历中一点点悟到的。

与人谈话时，余国良彬彬有礼、笑脸迎人，是个和蔼且人缘极好的人。他自己也常常说，他这个人最大的特点就是朋友特别多。迄今为止，他的人生都过得顺风顺水，总是做着一件又一件在常人看来可望又不可即的事。但他又总是说服自己用一颗平常心去对待，善待身边的一花一草一木，不辜负这大好韶光。

他的兴趣点好像有点多，而且都是阶段性的。但是一旦他决心去接受一项挑战，那段时期里，他的目标就会非常明确而且十分聚焦。所以，每一个阶段，他都会收获常人无法想象的成绩。

他说，从博士研究生涯开始，他就对自己的人生目标做出排序，明确了第一目标是什么、第二目标是什么。在精力有限的情况下,他会先集中火力进攻第一目标,确保圆满完成任务。

人生如此,做企业管理也是同理——找准定位,找到"小而美"的切入点,然后集中火力进攻。

今天的余国良,已经是30多家创业企业的导师了。他说,每每听到创业者的困惑,发现其实大部分的创业企业面临的都是自我定位问题。"我是谁?这是一个艰难的决定。我们都想做比较伟大的事业,但伟大的事业往往是最难的事业。"

余国良说,拥有伟大理想的人无非有两大目标:为人类创造知识;将知识转化成为有用的产品。这两大目标,能完成其中一项就很了不起。而他选择了后者。

在过去的数十年,包括未来的数十年时间里,他意欲打造的最重要的产品是帮助人类战胜肿瘤。到了今天,科技的进步已经让人类距离这个目标仅一步之遥。

他预言:"20年前,肿瘤之于我们就像是今天的老年痴呆症(阿尔茨海默病)一样可怕,我们对其知之甚少;但我相信,在未来的十年里,肿瘤对我们来说将不再是什么可怕的病种。"

攻克肿瘤不再仅仅是一个梦想。余国良的自信源于今天肿瘤免疫学上一个个卓有成效的技术突破。

20世纪80年代初,现代生物化学蓬勃发展,现代生命科学进入一个新的历史阶段。直到今天,生命科学结合科技的进步,围绕着免疫肿瘤精准治疗的每一个重大研究突破,都具有划时代意义。

2018年2月,《科学》杂志发表了最新科研成果:肿瘤类器官可以预测患者对药物的反应。这能够帮助研究人员在临床试验之前测试潜在靶向疗法,又极大地推动了个性化医疗的进程。

2018 年 4 月，一篇学术界重量级的研究毫无悬念地登上了《细胞》杂志封面，这个重磅研究凝聚着全世界无数顶尖肿瘤学家数十年的心血。他们通过对 33 种最常见癌症的超过 11000 个肿瘤样本的分析，为人类描绘出了一份关于癌症的"世界地图"。这将帮助科研人员更好地理解肿瘤在人体内如何诞生、在何处诞生及为何诞生，为临床试验提供更好的指导，基本破译了肿瘤的核心密码。

每一项新的哪怕只是微小的突破，都让余国良激动不已。而他在肿瘤免疫治疗上，也是涉猎极深的。

在他投资的 30 多家企业里，从新药研发、基因组、基因编辑，干细胞再到肿瘤检测等，已经完全覆盖整个肿瘤治疗的生态链。他同时还担任美国知名医疗投资机构奥博资本的风险合伙人，时刻关注着最前沿的医学创业最新动态。

2018 年年初，美国生物医学行业知名媒体网站 BioSpace 评选出了 2018 年新兴生命科学公司 20 强企业，其中仅有的三家由华人创立的公司中，有两家是余国良投资的，包括冠科美博制药（CBT）和 Immune-Onc，这两家都是新兴的肿瘤新药研发公司。CBT 公司拥有四个临床阶段的新药，以联合疗法为策略。CBT 最大的创新之处在于，他们通过鸡尾酒疗法，通过靶向和免疫治疗的办法，扩大了肿瘤抗体药物治疗中受益的人群。

Immune-Onc 选择了更具挑战性的道路：开发新靶点的抗体药。Immune-Onc 的联合创始人廖晓玲博士也是 CUSBEA 的留学生。他们通过调控免疫系统来治疗癌症，公司成立当年即获得 700 万美元的 A 轮融资。

余国良作为天使投资人所投资的第一家公司——美国应用干细胞公司（Applied Stem Cell，ASC），已经是一家比较成熟的公司了。在硅谷，这是一家在基因编辑和干细胞创新方面有独特之处的公司。公司 CEO 姜儒鸿是余国良在复旦大学的学弟，联合创始人陈雁如教授曾任斯坦福大学转基因动物模型中心主任，是 TARGATT 技术（一种基因编辑技术）的发明人之一。

余国良最近在杭州筹划的项目——大型抗体生产企业健新原力公司，更是被他称为继布局 30 家企业之后的又一次人才、资源和市场的大汇聚。他正在打造的是健康王国生态圈的最后一个环节：新药的制造、生产和销售。

"这是一个鲜明的反差，一方面，中国制造业发达，但生物制品的生产能力却特别弱；另一方面，从市场需求和容量来看，中国的抗体药用量又特别大。"余国良说。

从求学生涯的第一天开始，从他提问"细胞为什么会死亡"开始，他就在不知不觉地一步步接近这个目标——为全人类的健康而奋斗。

说起为何选择生物化学专业，余国良迄今还感恩高考后复旦大学负责招生的那位从未谋面的杨姓老师的推荐。进入生物科学领域是因为一个偶然的时机，但之后的人生道路，渐渐地清晰起来。

如果说 30 多家他投资或创立的公司中，大多数是围绕疾病的诊治，那么量康科技算是一个异类。生病之后的治疗虽然纠结人心，但数量更大的健康群体的健康管理该由谁来负责？

基于自身的健康管理经验，余国良又集结了一批技术、医学领域的伙伴们，包括曾在英特尔、高通任职的姜中华等，在杭州设立了量康科技——一家致力于健康管理的科技公司。

过去的基因组研究成果告诉他，人类的疾病大多数与基因突变有关，而这种突变通过人为的早期干预是可以加以预防的。大多数普通人对自己的身体情况知之甚少，余国良说，量康科技可以帮助大多数人突破这一盲区。

创业简单吗？肯定不。硅谷资深创业者本·霍洛维茨(Ben Horowitz)总结自己的创业史时说，在担任 CEO 的 8 年多时间里，只有 3 天是顺境，剩下 8 年几乎全都举步维艰。余国良说，每一个听着辉煌的战绩背后，都是伤痕累累的付出。在每一次的创业历程中，他都经历过"弹尽粮绝"的时候。

创业的艰辛，只有创业者知道。问题在于，每一个创业项目的成功都是唯一的、不可复制的。

那为什么还有那么多创业者前赴后继？为什么已经数次成功的余国良还是愿意当创业者的导师，一次次陪伴他们重新经历创业维艰的洗礼？

余国良说，这些创业者从一开始就已经赋予自己一个伟大的使命，一切都变得富有挑战且好玩起来。包括他自己，今天所有做的事情，打造的健康王国也好，当创业导师也好，首先都是因为"好玩"。

"好玩"的寓意似乎复杂且丰富。它应该包括事情本身的趣味性，具有重大的意义，同时还具有极高的挑战性。

十多年前余国良开始创业时，方瑞贤鼓励年轻的创业者说，你们每个人都要成为"头儿"（leader）。什么是"头儿"？就是你做的事情，被人家认可，有愿意跟你一起走的人（follower）。

十多年后，余国良已经成功地成长为一个"头"，他的身边集聚着一批世界顶级科学家，同时还有一批具有潜力的 CEO。他的下一个目标是什么？他说，是尽自己最大的能量将身边的生物技术资源整合起来，让伟大的科学技术找到资本和 CEO，同时也帮助人类成功攻克肿瘤，让健康不再只是一个梦想。

我好奇地问余国良：为什么选择聚焦肿瘤？他说，因为这是当下人类健康最大的"拦路虎"，而且曙光就在眼前。实际上，如果从更前沿的科学研究来看，他对神经生物学方面的阿尔茨海默病也很感兴趣。但从创造产品的可行性来看，攻克阿尔茨海默病还有很长的一段路要走。

余国良认为，从本质上来看，人类发展的瓶颈是生命科学而非技术。人类在技术上不断地突破极限，但是对自身的了解却少之又少。"如果说免疫治疗是人类对自身认知从被动转为主动的好的开始，未来我们还有太多的事情要去做。比如，对阿尔茨海默病的研究和认知。"

诺贝尔经济学奖获得者罗伯特·希勒（Robert J. Shiller）说，神经科学会改变我们对于人类本性的认识。研究神经是跟大脑有关的领域，实际上才是未来整个社会科学的一个核心。以阿尔茨海默病为例。今天，医学界对阿尔茨海默病的认知依然少之又少。而可以预期的是,在日趋老龄化的中国,阿尔茨海默病正在成为国人健康最为严重的隐患之一。

"我希望在我有生之年,能够看到阿尔茨海默病的研究得到突破性的进展,能通过创造产品助推其进程。"

每个人都有一条自己的路要走,每一个看似漫不经心的选择,都可能改变命运的轨迹。和普通人比起来,余国良无疑是幸运的,他的每一次险胜都成为下一次攻克难关的重要资本。但或许更为重要的还在于,每一次面临选择时,他总会选择那条比较难走的路,而且怀着一颗向善、乐观的心。

宗佩民：
发现独特者

在浙江投资界，宗佩民是一位令人尊敬的元老级人物，也是投资界少见的专家型投资人。做投资，他喜欢观全局而后再谋动，寻找到行业里的"独特者"。

在宗佩民的价值观里，工作本身就是生活的重要组成部分。所以，每天工作12小时他也不觉得苦。15年如一日的积累，他投下了超过150个项目，投资了一批耳熟能详的上市公司。

投资案例：贝因美、水晶光电、浙富控股、中文在线、北信源、梅泰诺、远方光电、龙生股份、茂硕电源、迪威视讯、康盛股份、申科股份、慈星股份、英飞特电子、安车科技、医惠思创、财通证券（过会）、雷赛科技（过会）等。

从2000年参与创建天堂硅谷，再到2002年创立浙江华睿投资控股有限公司（下简称"华睿"），宗佩民不知不觉已经在创投界"混迹"了18年，成了浙江本土创投界的元老级人物。在华睿投资成立15周年之际，宗佩民不打算给自己举办一场华丽丽的庆典，而是鼓励团队坐下来讨论、思考，准备给股东与投资企业送上一份沉甸甸的礼物——一本纪念华睿投资15周年、对华睿投资项目进行深度剖析的书。

宗佩民对华睿15年投资经验进行总结得出的一个关键词是"独特"，他觉得这两个字很符合他做投资的逻辑。为此,他已经很隆重地坐下来给这本书写好了序,叫作《寻找独特》,并发表在华睿的官方微信公众号上。

宗佩民

发现"独特"

2002 年,宗佩民创办华睿投资,开启了他的创业投资生涯。

纵观国内投资发展历程,2002 年,恰是国内股权投资觉醒之际。参照浙科投资顾斌的国内创投三阶段理论[1],2002 年恰好是自 20 世纪 90 年代掀起的第二轮投资热潮的尾声,受制于资本退出问题迟迟未有好的解决方案,股市也未开启全流通,投资机构纷纷陷入了尴尬境地。

2002 年,风险投资还是境外资本唱主角,国内本土风投机构还是凤毛麟角。远在深圳的国资投资公司深创投才刚刚起步,杭州的投资机构更是稀少。此时的宗佩民,敢于单枪匹马出来创业闯荡投资圈,也可谓"大胆叛逆"之举。但那

———————————

[1] 顾斌认为,投资可以分为三个阶段:企业投资投入;提供增值服务,把企业扶上台阶;发现项目,自己培养团队。

又如何，认准了往前走再说。

对办公环境，宗佩民是非常在意的。虽从杭州白荡海民居起家，但在后来很长一段时间里，他都把华睿的办公地点安在西湖景区附近的浙江宾馆将军楼内。第一次来到他的办公室时，觉得这位投资人相当有格调。后来华睿搬迁到城西闹市区的办公楼里过渡了一段时间，随即又在西湖景区的灵溪南路安了家，绿树掩映，曲径通幽。

"你看，到华睿来上班好像每天来景区旅游，多幸福。"他笑笑说。不知不觉，华睿在灵溪南路安家又已四年光景。

创办华睿前，宗佩民的职业经历是这样的：1990—1995 年，负责省级集团公司的实业投资，当过制造企业老总；1996—2000 年，做了 4 年旅游集团老总；2000—2002 年，参与创建省属创业投资公司。多年的实业与创投经验为他后来从事投资事业打下了坚实的基础。

都说做实业苦，做投资潇洒，但问起宗佩民，他却不以为然。

"其实做投资真的非常辛苦。"有过多年实体经营经验的宗佩民认为，做投资最为关键的一点是，必须时刻保持着"高强度学习状态"，因为一天不学就有可能跟不上趋势了。投资苦在随时保持战斗和学习的状态，苦在面对巨大的风险和不确定性却必须咬牙坚持住，不能退缩。投资之苦，还苦在，作为一个相对新兴的行业，它同时还面临着政策和监管方面巨大的不确定性。大家都在摸着石头过河，一天天地在坚守中等待未来。

因为"苦"，所以宗佩民在投资工作中逐渐养成了一天工作超过 12 小时的习惯。在他的价值观里，工作本身就是生活的重要组成部分，因此，"苦"也不是真的苦，而是一种习惯。

15 年来，华睿投资累计投资项目超过 150 个，投资的节奏严格来说不算特别快，但投资项目中已经成长起一大批耳熟能详的上市公司，其中有贝因美、水晶光电、浙富控股、中文在线、北信源、梅泰诺、远方光电、龙生股份、茂硕电源、迪威视讯、康盛股份、申科股份、慈星股份、英飞特电子、安车科技、医惠思创、财通证券(过会)、雷赛科技(过会)等。

华睿投资所投项目中已经在上交所主板上市的项目(IPO 或者并购换股)比例超过了 20%,在同行中堪称佼佼者。存量项目中,潜在的可能会在主板上市的项目比例依然能够达到 20% 以上,累计上市的比例有望超过 40%,如此高的项目质量堪称行业顶尖,退出期基金平均年化收益率普遍超过 30%,有的甚至高达 60%。

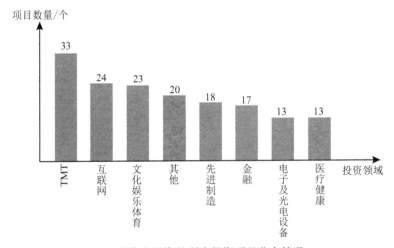

2018 年华睿投资的所有投资项目分布情况

这样的投资业绩,宗佩民自己也颇为满意。16 年后的今天,宗佩民自己也在思考:是什么逻辑或者理论指引着华睿走到今天? 怎样的逻辑可以指引华睿走得更远? 作为公司的带领者,他最后总结出两个字:独特。

"没错,投资就是一个寻找独特、打造独特的过程!"这句话,他也认真地写在了《寻找独特》的序言里。

问题是,独特性往往说起来容易,做起来难。它需要在投资过程中有所为又有所不为,旗帜鲜明又立场坚定。如何去发现那些未来"独特"的公司? 宗佩民说,企业的独特性,是一种可遇不可求的特质,需要投资经理沉下去,对行业的了解足够深入，然后才有可能在适当的时机投出独特的项目。

他认为，有了研究能力，有了自己的独立思考，面对独特的公司时，还可以通过资源、战略整合等，帮助企业进一步发现其"独特"的价值。投资最讲究时机，在对的时间投资对的行业，考验的便是研究能力。

蜕　变

在杭州本土投资圈内，宗佩民是比较少见的诸暨人，个性直爽，同时喜欢钻研行业发展，谈话中时不时透着锐气，有时候他会嘲笑自己有些"愤青"。其实他只是把问题看清楚并表达出来而已，而且都是建设性的看法，欣赏他的人反倒觉得这是他的个人魅力所在，也是他的独特之处。

宗佩民对业务的钻研有多厉害？对寻找"独特"有多执着、行动力有多强？从一个偶然的案例中可见一斑。

一次，我对接一个杭州创业创新大赛的文化营销类项目，当时宗佩民是评委。第二天，当我去约该项目负责人沟通时却听说，华睿投资的宗佩民早上已经来过了。原来，项目路演一结束宗佩民就和这位项目负责人交换了名片，约好了会面时间。

已经在投资界有所成就，还依然奔走在一线，这让宗佩民对经济和行业的发展趋势的"水温"感觉敏锐。

作为一名专业投资公司的掌门人，他对经济的宏观形势和制造业的发展趋势都了然于胸，有着自己鲜明的观点，而且不吝分享。在此前的几年里，宗佩民在媒体上频频出现并发声。但是近些年他变得低调了，人们习惯的那个"愤青"，到了"知天命"之年后，渐渐变得老成、内敛了。这或许是见识过投资圈和资本圈的沉浮后的成长吧。宗佩民说，投资，他更希望是认准了之后去默默坚守，再也不是"逞能"你追我赶的时候了。

投资的逻辑其实很简单,看准是一半,坚持是另一半。大凡坚持,总会有所成就。宗佩民说,就像巴菲特的价值投资,重在沉住气、重点在"守"。

循着这个逻辑再去看过去投资的得与失,不再那么"愤青"的宗佩民又有了新的感悟:所谓寻找"独特",不是成功退出就算是完成了;"独特"的企业如此难能可贵,应该进行长期战略布局,而不是简单以成功退出为目的。

基于以上的逻辑,宗佩民在华睿内部单独设立了一个战略投资部,从事重点项目的跟踪、研究与长期投资。除了专门从所投的 150 个项目中精挑细选出最有潜力的 15 个项目以外,还把目光放到全国产业,寻找未来利润有望达百亿的优秀企业。

"如果说天使投资做的是从 0 到 1,股权投资做的是从 1 到 10,战略投资做的则是从 10 到 100 的事。但往往创投机构做到 10 后,就急着退出了,反而错过了从 10 到 100 这个更加能够做大做强的机遇期。"

为什么非要做战略投资? 他说:"往远的看,我们本土机构错过了腾讯这样的巨头,其实这些公司一直都给我们机会的,哪怕是上市后,如果懂得战略投资,买入腾讯也涨了 100 多倍了。往近的看,我们错过了海康威视,上市后不到 10 年,利润增长了 50 多倍,股价涨了至少 25 倍,如果知其雄,投其资,照样是十年几十倍的回报。对身边这样的独特公司,投资人真的不应该再错过。"

简单理解,这个战略投资部的工作,其实就是"寻找与发现独特,然后再通过服务把这种独特性进一步放大"。所以,所谓战略投资,是为创业公司价值最大化而来的。在它的背后,有华睿专业投资部门的支撑,包括医疗、文创、产业互联网、大数据以及人工智能等部门。宗佩民要求每个部门都定期做出行业研究报告。

华睿的布局也围绕着这几大领域展开。在很多人的印象中,华睿或许更擅长在实业与医疗等领域布局,但盘点华睿在文创、在线教育上的布局,会发现一个全新的华睿。

"在线教育？自然是看好的！"宗佩民罗列了一个个华睿布局的相关项目：ABC360(英语在线教育)、青云在线(素质教育内容)、咔哒故事(幼儿教育内容)、酷知教育(教育互联网平台)、崇德教育(幼儿教育产业链)、蓝铅笔(美术教育)……

再看华睿在文创产业链的布局，也是出乎想象的：小说 IP 巨头中文在线、女性文学 IP 巨头掌维科技、崇德动漫、音巢音乐、王马影视、梦幻影视、宇石科技(游戏分发)、朋尼文化(专业网红)、南湾科技(影视技术)、十星人(影视技术)、黑岩科技(影视技术)等。这些企业均是循着明确的技术壁垒或者独特模式而投。

不过，收敛锋芒的宗佩民，依然有语出惊人、态度决绝的时候。比如，他对眼下最热的共享单车的理解。他说："共享单车我是坚决不会投的，凡是靠钱堆积拼杀出来的商业模式，未来想象空间再大我也不会去碰。凡是这样干的项目，多半是为了将来的垄断利润。"

"按照你的这个逻辑，滴滴打车是必然要错过的？"

"错过就错过了，我并不遗憾，而且滴滴打车现在的做法已经令人厌恶，原来为居民提供便利的初衷已经忘记，垄断加价成了拿手好戏。"他说道。

"我所理解的独特，可以是文化上的独特，也可以是科技创新方面的独特，它可以是成长路径的创新，总而言之，独特代表着一种可持续发展能力，代表正能量，但一定不是烧钱比赛，更不是准备坑害消费者发财。"

愿做有心人

今天再回忆起过往，宗佩民也会忍不住叹息一句："其实做投资真不如做实业、做出一个上市公司赚钱，投资其实是半慈善性的事业。"

但是，感叹归感叹，当他给我报着他每天要看的自媒体那长长的名单，我依稀能明白,投资相较于实业经营,是另外一种滋味。这是一个更加考验智商、情商和对趋势预判以及资源整合等综合能力的行业,尽管苦,却又乐在其中。

其实,已经不再"愤青"的宗佩民,内心还是怀揣着一股对实业挥之不去的情怀。

他说,他留给自己的最后一份职业规划是有一天扎根实业,跟胡庆余堂的团队们一起认真做好这个百年品牌。

胡庆余堂由晚清著名商人胡雪岩于 1874 年创建,迄今已有 144 年了。在100 多年的经营过程中,胡庆余堂沉淀出了深邃的中药文化,并始终以"戒欺"二字警醒药工。后来,学徒出身的冯根生成为胡庆余堂关门弟子和掌门人,并成为一代国药名匠。冯根生为胡庆余堂这个老字号注入了现代化的管理理念,让胡庆余堂得以起死回生、焕发生机。

宗佩民对胡雪岩和冯根生都是极为敬佩的。2017 年 7 月 4 日,胡庆余堂传人、著名浙商冯根生老先生溘然离世,令人扼腕痛惜,但他身上的国药精神和他作为胡庆余堂现代化的扛鼎人,影响深远,将被历史记录在册,永不磨灭。

胡庆余堂百年品牌和戒欺文化的积淀,数代人对戒欺文化近乎壮烈的坚守,加上中医药产业本身的日趋成熟,令宗佩民对胡庆余堂寄予厚望。

中医药正迎来一个庞大的万亿元级市场空间。2015 年,我国的中药工业总产值已达 7866 亿元,占医药产业规模近 1/3,中药大健康产业规模突破万亿元,市场发展潜力巨大。2016 年年末,国务院新闻办公室发表的《中国的中医药》白皮书介绍,中医药产业已成为国家新的经济增长点。

"从医养结合、中医＋互联网等角度挖掘中医产业的未来,胡庆余堂的想象空间非常大,它可以是 50 亿、100 亿甚至 1000 亿元市值的公司……"说起胡庆余堂,宗佩民的眼里有光。

而值得深思的是,胡庆余堂这样一个有价值的品牌,为何偏偏选择了华睿作为战略合作伙伴?不是医学出身的宗佩民,凭什么获得了胡庆余堂的独家青睐?问及此,宗佩民颇为意味深长地一笑:"仔细算来,我和胡庆余堂的渊源早在 23 年前就开始了。"

原来,23 年前,宗佩民因为一次偶然的机会看了高阳先生写的《胡雪岩传》,当即对这位红顶商人钦佩不已。而后,宗佩民专门去参观了胡雪岩故居、胡庆余堂中药博物馆。随着一步步地深入了解,他对胡庆余堂越发"倾心"。1999年,他认识了胡庆余堂的几位老总。2007 年,他与胡庆余堂有了业务合作,并与胡庆余堂的管理团队建立起深厚友谊。2013 年,华睿投资收购胡庆余堂员工持股会的股份,成为其战略股东。信任,就是这样在深入交往中一步步建立起来的。而当双方均对彼此的价值观和理念产生了深度认同时,合作,似乎就是自然而然的事了。

回忆起 2013 年年底投资前见冯根生的点点滴滴,宗佩民至今记忆犹新。2017 年 7 月 4 日,突闻冯根生去世的消息,宗佩民沉痛哀悼并记录下当时的情景:

> 2013 年年底,在华睿投资胡庆余堂前,刘俊总裁陪我去见冯董。冯董身体已经大不如以前,外面的天气有点冷,冯董靠坐在椅子上,裹着棉袄。见我们进门,他慈爱地注视着我们,刘总引荐后,冯董轻轻地问我为什么要投资胡庆余堂。
>
> 我说:那是因为我一直崇拜胡雪岩先生与冯董,一直对胡庆余堂的戒欺文化敬畏有加,也因为中医不仅是治病救人,更是让人不生病、少生病的善业。如果能够投资胡庆余堂,我也会跟所有前辈一样倍加珍惜,也会跟团队一道,把振兴胡庆余堂、传承戒欺文化、创新发展中医作为自己的责任与使命。
>
> 冯董听后高兴地点点头,表示接受我这个投资者。他点头的那一刻,我好像一个赶考的书生,顿时放下了悬着的心,但又不禁提起了心:放下的是终于可以做胡庆余堂股东了,提起的是从此以后有了一份沉甸甸的责任。

"20 年前认识胡庆余堂的时候,我怎么也不会想到有一天可以成为它的股东,只是做个有心人去留意、去关注罢了。"宗佩民说。

而他说的"有心人"一词或许最能诠释他这 15 年来的投资心路历程。

如果说"独特"是一个标准和一个结论,追寻独特的所有过程,都得益于"有心"二字。否则,所谓的"独特"也只能是一句空洞口号而已。投资项目的逻辑如此,一个人的职业成长路径亦如此。

做个有心人,才能让自己变得独特。

以投资业为例,年轻的投资经理如何做个"有心人"、如何寻找"独特"并让自己变得"独特",拥有独特的思维方式、在人生的关键时刻出击,出奇制胜,实现自己的人生价值和梦想? 宗佩民给出了这样的职业规划劝诫:

> 投资是一个长期不断积累、逐渐从量变到质变的过程,投资切忌"冒进"。年轻、刚入行的投资经理,当做好"三个五年"计划:

> 前五年做好深入学习的准备,积累行业经验,能争取在这五年中投资 2~3 个好项目自然是最好的,即便一个都没有投也正常;第二个五年,争取投出 1~2 家市值过百亿元的优秀公司;第三个五年,争取投出一家独角兽公司,投出一个代表作。

大凡投资,在一个领域内足够坚持,总会有所收获的。宗佩民又忍不住强调了一遍。

其实,投资最考验的是定力和耐心。播种之后,期待时间的玫瑰可以为你献上怎样的贺礼。这种期待,你可以理解为一种煎熬,也可以理解为一种成长和乐趣,心态不同罢了。

曹国熊：
世界如此未知，我只负责向前

> 曹国熊作为杭州创投界的新生一代，大有后来者居上之势。他一步步构建、完善着他的投资版图：泛文化板块，健康板块，科技板块……
>
> 在泛文化版块，曹国熊和知名财经作家吴晓波合作，已经抓住了不少独角兽公司，如十点读书、今日头条等。
>
> 对踏入"未知世界"的渴望，注定了他这一路还会翻山越岭、继续攀爬。尽管他笑着说，也就这样了。但实际上，那个儒雅微笑的背后，藏着一把披荆斩棘的刀。我们都知道，这个英文名叫 Tony 的投资人，轻易不会停下探寻的脚步。
>
> 投资案例：吴晓波频道、今日头条、喜马拉雅、十点读书；艾吉泰康、聚道科技、杭州认知、普思瑞、裕策生物、宸安生物、百普赛斯、浙江生创、百凌生物等。

入夏的上午，北山路上的梧桐叶子随风摇曳，车来车往，闹中取静。西湖和断桥就这样静谧地躺在画中，行人和摇橹船点缀其间。多少人留恋这里的美好，并驻足于此？

如约来到普华资本坐落在西湖边北山路附近的办公地。拾级而上，数百级台阶，绕三道弯，让人对这座独具匠心的建筑心生敬畏之情。

天使投资和投行思维是一样的吗？

普华资本的会客厅很是安静,书架上那一套《剑桥中国史》惹人注目。据说,早年的曹国熊也曾痴迷历史。学生时代,他还写过一本《太平天国历史研究》。但今天,忙碌的曹国熊恐怕已经无暇创作,他的战略盟友、知名财经作家吴晓波曾经爆料,他每天工作时长在12小时以上。

曹国熊

曹国熊姗姗来迟,坐下后便如数家珍般地聊起了他这些年来投下的项目:

> 喜马拉雅很好,果麦也发展得挺好,估值已经超过20亿元;十点读书是只有3个人的时候投下的,现在估值已经超过30亿元;乐刻运动、小鹅通都很棒。走着走着,总是有一批项目会出来……

这些项目,投资规模小则几百万,大则数亿元。无论大小,但凡是决定投资的,创始人曹国熊都还是要和创业者会一会。"投资的具体流程交给团队的伙伴了,但一定要跟创始人聊聊。"曹国熊笑笑。他忙碌、充实并快乐着。

他很享受这样的工作方式,虽然随着基金规模和投资疆土的不断扩大,他可以休假的时间正在逐渐缩水,"我很享受过程,乐趣无穷。"他说。实际上,和每一个具有创造力的CEO聊天,于他而言也是一个不断提升的过程。

1973年出生的曹国熊,在杭州的本土创投圈算是年轻的一代。但他带领着普华资本和头头是道如此快速地发展,出人意料。2004年,他创立普华资本;2010年,合伙创建经纬中国人民币基金;2015年,他又创建了头头是道基金。

迄今为止，他投资的企业超过 300 家，已成功上市 40 余家。

2006 年，红极一时、振奋人心的股权分置改革掀起了一波 Pre-IPO(上市前私募)的股权投资浪潮，曹国熊成功抓住了这个划时代的机遇，投身投行，为自己积累了人生中的第一桶金。

因为长期战斗在投行一线，熟知资本市场的规则和逻辑，所以年轻时候的曹国熊凭借一己之力便可游刃于资本沙场。动辄数亿规模的投资磨炼了他的魄力，同时也为他赢得了足够的财富。他的资本"水性"由此可见一斑。今天回味过去，曹国熊可以毫不谦虚地自我评价："曾经攀登高山看到过远处风景。"

当他淡定地描述着曾经令人惊心动魄的一个个投资决策时，俨然一副资本大鳄的气势。

在参与并购重组的过程中，斡旋各种利益关系，最终达成和解，这个过程极其复杂，往往短则一年，长则持续数年。所以，资本运作其实并不容易，考验的是胆略、耐心和远见。个中艰辛，难以言喻。

但随着二级市场的估值优势逐渐消失，曹国熊的注意力逐渐前移，他对天使投资流露出了浓厚的兴趣。

一个有过惊心动魄的并购经历的人，何以会对文娱之类小而美的投资，产生了如此浓厚的兴趣？

曹国熊笑笑："那你觉得今天的喜马拉雅、博纳影业小吗？"言语间一抹气定神闲和云淡风轻。2017 年 5 月，博纳影业进入上市辅导期，冲刺 IPO(首次公开募股)，估值已经超过 150 亿元。

他说的没错，文化产业本身是个万亿级的"巨无霸"。2016 年，杭州市文创产业实现增加值 2541.68 亿元，占全市 GDP 23％的比重。仅在杭州，头头是道就已投资了 20 多家文化类企业。

今日头条、吴晓波频道、喜马拉雅、十点读书……在今天看来，曹国熊当年预见到的文化产业尤其是内容创业的春天,是如此地来势汹汹。

参悟泛文化的"河流入海"之道

有些聊天会让你变得焦虑,但有些聊天,却会让你变得更加沉着。和曹国熊——这个被吴晓波亲昵地称呼为 Tony 的人聊天,听着他淡定语气中透露出的投资"乾坤",令人受益匪浅。

曹国熊大部分时候温文儒雅,偶尔流露出那略带华尔街味道的"狡黠一笑"。我曾以为曹国熊今天的自信来自他曾经的投行经历,但他说不尽然,甚至恰恰相反,股权投资需要"去投行思维",两者是完全逆向的。投行的打法讲求短平快,但天使和股权投资却注重前瞻性。当然,投资回报期长,还需要耐心。

怎么才能做到前瞻?曹国熊说,优秀的投资,应该深度把握产业链中的核心价值端,预见趋势。所以他会更倾向于请有产业经验的人来做投资。

这是曹国熊投资的第一大逻辑——深深扎根于行业。

如何深度扎根行业,一次次地把握住行业的变革大机遇?他说,当下很多人对投资的感受是波涛、风口、热闹、喧嚣,但如果在这个行业待久了,你会知道,它背后是有参悟、有规律的,是"河流入海"。

对内容创业热潮的预判和布局,是 2015 年以来曹国熊打得最漂亮的一战。

"方知头头皆是道,法法本圆成。"这句话来自《续传灯录·慧力洞源禅师》,头头是道基金的名字也是由此而来。头头是道主要覆盖消费升级、泛文娱、教育、体育四个赛道,其实本质上这四个赛道是合一的,内核就是消费升级,是"美好生活"的代表。

曹国熊举例解释说,奢侈品不算消费升级,小米和网易严选才是消费升级。那些为了"美好生活"追求的消费升级,并不是简单地追求越贵越好。

2014 年伊始至 2015 年的两年时间里，纸媒广告量直线下滑，随之而来的是收入的骤减、大量优秀媒体人出走并纷纷开启内容创业之路。也是趁着这波内容创业的风潮，知名财经作家、出版人吴晓波通过微信平台，将自己打造成了"网红"，脱颖而出。

对于内容创业，更多的投资人持观望态度，对微信这个依附于腾讯的内容平台，更多的是对其未来套现能力有疑虑。曹国熊却似乎真的参悟到河流入海之规律，敢于"放手一搏"。

他说，内容变现无非三大路径：知识付费，消费电商，广告投放。在知识付费渐成趋势后，优质的内容正在成为高黏性流量的重要入口。

他也预言，一个新型的有生命力的文化公司，是专家能力＋产品力＋工具力的集合，是集专注与跨界于一身的具有"持续裂变能力"的公司。

为什么既需要专注又需要跨界？曹国熊在头头是道的年会上这样解释：只有专注才能做到专业，才能形成核心壁垒。但在你专注、领先，形成了行业壁垒之后，还需要跨界出去，社群化，使自己的文化公司"更加饱满"、"更加性感"。

"如果把专注（concentrate）视为一个支点，那么跨界（crossover）就是一个杠杆，社群（community）就是融合落地。优秀的文化公司基本上都同时具备这 3 个 C。"曹国熊说。

正是基于对内容创业、对文化产业如此深刻的理解，他愿意给当时只有 3 个人的小公司"十点读书"估值开到 3000 万元。

实际上，曹国熊对媒体、内容平台的意义和未来的认知，甚至远超过大部分身在"局中"的媒体人。他的合伙人吴晓波写了一篇文章，叫《那个和我一起投自媒体的 Tony》。文中这样记录了他们投资十点读书的细节：

> 我见的第一个自媒体是十点读书，当时粉丝 200 万，已经是读书界的第一大号。我问林少，你之前是做什么的？答，厦门机场的工程师。公司

现在几个人？答，三个人，我、我媳妇和我小舅子。在哪里办公？答：家里。

我回去问曹国熊，能投吗？

他狐疑地看我一眼，又习惯性地搓了搓手，咬了一下牙："能投，估值3000万元。"

接下来是酒业家、十二缸、车早茶、灵魂有香气的女子、张德芬、正和岛、清单……我们在大半年时间里，一口气投下9个自媒体公号，同时自主开发了"德科地产频道""冯仑风马牛"和"文茜大姐大"。

自媒体未来能走多远其实很难预测，但是曹国熊还是愿意赌，他赌的还有一点：自己看人的眼力。

他说他非常看好今日头条，尽管今天今日头条已经估值超过200亿美元，他依然坚定地持股，"因为张一鸣很能hold（把持）住"。曹国熊见过太多的创业者在"一夜暴富"后，面对汹涌而来的鲜花、掌声和财富，失去了自我和最初的梦想。"但张一鸣有他的格局，"他说，"他可以淡定地面对巨额财富，并且依然在务实地继续他更加宏伟的下一个战略计划。"

话音刚落，今日头条这厢已公开宣布对海外音乐短视频平台妈妈咪呀（Musical.ly）的收购，交易总价近10亿美元，自此开启了出海战略。

紧接着，2018年火透了大江南北的抖音，成为一种现象级产品，它正是由今日头条制造。到2018年第一季度，抖音的下载量超过4000万人次，据说已经赶超了Facebook。张一鸣的野心和张力，远远超乎曹国熊的设想，这一点，让曹国熊很是满意。

2017年11月，曹国熊和吴晓波又张罗着办起了一家纸质杂志《造物者》，以报道新匠人为主。为什么一定要选择在这个纸媒正"轰然倒塌"的时代，固执地建造一座"华丽丽的殿堂"？这其实是一个奇怪的投资选择，但是曹国熊偏偏愿意与之"愉快地玩耍"。

至少到今天为止，他还是对的。不知不觉间，新消费的春风乍起，知识付费潮流汹涌。头头是道投下的内容创业项目，在不到 3 年的时间里，已经纷纷成长为业界翘楚。

巨头多又如何？只取我要的那一瓢

泛文化产业的布局，曹国熊的打法是"快狠准"。相比之下，他在健康医疗产业的布局，则显得稳健得多。

2015 年年底以来，普华医疗基金重点布局精准医疗和医疗机器人领域，在精准医疗中细分了"多组学诊断与伴随诊断""肿瘤免疫治疗"等几个赛道集中投资。其投资了一批优秀医疗创业公司，如艾吉泰康、聚道科技、杭州认知、普思瑞、裕策生物、宸安生物、百普赛斯、浙江生创、百凌生物等。

和文化产业不同，健康产业领域的投资巨头云集，而且，BAT（百度、阿里巴巴、腾讯）等旗下的投资资本对健康项目的抢夺一度到了近乎白热化的程度。

"巨头多又如何？健康医疗领域的机会巨大，我们只需要抓住其中一部分就好。"曹国熊说。话虽如此，但依照他的性格，可以猜测，吃透了文娱产业投资的他，是"非把健康医疗吃透不可的"。

2016 年，有人问他："都到了资本寒冬了，你怕不怕？"但彼时的曹国熊笑答："就看你在哪里了！地球那么大，有三亚，也有南极。"然后，他在"寒冬"里默默地投下 108 个项目，投完了 20 多亿元基金。

2017—2018 年，人工智能和区块链大热。甚至，在区块链的这波势不可挡的热潮之下，传统的互联网已经被尊称为"新古典思维"了。去中心化、不可篡改的区块链新技术，将会如何从技术的最底层架构上改写人类文明的分布状态？资本大鳄们蠢蠢欲动，纷纷布局。

此情此景下，曹国熊又再度扩张他的投资版图——大大提升科技和智造的重要程度，并引入了技术出身的新合伙人蒋纯助力。

"浙江的产业转型升级改造潜藏着巨大的机会,这块产业不能丢。"曹国熊说。

曹国熊的投资版图是一点点扩张的,并非一蹴而就。他步伐稳健,并不激进,一如其儒雅的形象。

"头部思维"和"二八定律"

对投资的理解越深,曹国熊就越能意识到一个投资的本质问题:早期项目真正能够成长为独角兽企业的少之又少。所以,如果好不容易投下了一家独角兽企业,却因为持股数量有限而收益寥寥,那也要被定义为失败的投资。

为此,曹国熊给团队下了"军令状":看好的项目每一轮都应当坚决跟投,确保股份不被稀释。他也格外叮嘱投后团队,一定要与投资企业保持紧密的互动,确保股份不被稀释。

寻找到有资质成为行业顶级的企业和创业者,投资并不断增加持股比重,这是曹国熊带领着普华资本快速成长、闯进中国投资机构 TOP 15,赖以制胜的法宝。

我们应该怎么去衡量一家投资公司是不是国内主流? 我们可以参考美国对优秀投资公司的衡量标准:不仅看平均收益率,还要看国内最好的十大创业项目,能"卡住"几家。这就对投资提出了极高的要求:不仅仅要投中,而且应当高比例地投中独角兽企业,为基金获取高回报。

"如果投资比例很低,还要遭遇一轮轮股权稀释,如果这家公司刚好是一家独角兽企业呢? 那意味着你错过了什么?"这个英文名叫作 Tony 的投资人,对自己、对他的团队都有着"做主流投资机构"的期望,这让他不会轻易错过产业巨变中的一次次典型的投资机遇。

因为投资,他与财通证券的上市、奇虎 360 的回归、快的与滴滴的合并等年度资本大事件均发生了不同程度的关联。这是偶然还是必然？

2017 年 10 月，财通证券挂牌上市，上市之初市值高达 588 亿元。它的上市是浙江资本市场一代人的夙愿，而曹国熊是财通证券的股东之一。

2017 年 11 月，奇虎 360 借壳江南嘉捷强势回归 A 股，成了中国资本市场上一道风景线。但不为人所熟知的是，曹国熊也在其中进行了布局。

此外，他也投资了快的打车，在估值 3.5 亿美元时进入，在估值 120 亿美元时成功退出。但他把退出快的作为自己的反面教材——"退早了。"他说。快的和滴滴合并之后，估值已经超过 400 亿美元。

但细心的曹国熊也指出：强调头部思维并非意味着他认可赢家通吃理论。如果文化产业出现了像 BAT 那样的局面，那简直是灾难。

"文化产业遵循二八定律。"他说。

他的朋友圈里有韩寒，与韩寒一见如故后，便有了后来的《后会无期》，又有了后来的投资韩寒的影视公司亭东影视。

爱看电影的他又极其欣赏贾樟柯的才气，这么多的电影导演中，他最爱贾樟柯，欣赏贾樟柯在电影叙事方式中透露出的"叫人讶异的才情"，他也欣赏贾樟柯电影里那抹浓浓的乡土情结，于是后来他就投下了贾樟柯的电影公司。

在新媒体蓬勃发展之际，曹国熊说服了"不懂投资"的吴晓波，他不仅投资了吴晓波频道，还和吴晓波合作，网罗系列媒体界的"头部"创业项目，包括一条、十点读书等。

韩寒也好，贾樟柯也好，吴晓波也好，他们每个人都是一个 IP，自带流量，投资是不是就理所当然了？曹国熊说，之所以投资他们，不仅仅是因为他们本身的名气，本质上是看好他们所在的团队的整体价值。"韩寒也创立了很好的餐厅，但我们投了他的影视公司，没有投餐饮。""明星的 IP 价值并不等于产业价值。"曹国熊说。

探寻那些未知和边界

普鲁斯特说："唯一有吸引力的世界是我们尚未踏入的世界。"曹国熊很喜欢这句话。

对"尚未踏入的世界"的强烈好奇心，使他在这么多年的投资生涯中，一点点地拓展投资边界，一路从文娱产业杀入健康产业，而且"高举高打"，紧紧围绕着产业和产业内的核心人脉展开对头部项目的寻找、勘察和围剿。

对踏入未知世界的渴望，注定了他这一路还会翻山越岭。尽管他笑着说"也就这样了"，但实际上，那个儒雅微笑的背后，藏着一把披荆斩棘的刀，我们都知道，这个叫 Tony 的投资人，不会轻易停下探寻的步伐。

为什么从文娱产业开始，又为什么突然半路"杀入"健康产业？曹国熊并非一时兴起，"这些都是顺势而为，根据能力和认知的成长自然而然发生的事，(我)不会突然去做能力之外的事。"他说。

看到内容创业蕴含着一波浪潮，他决定顺势而为，先从文娱产业"单点突破"。而在这些年的布局过程中，健康医疗产业的机会逐渐浮现，同时项目资源也已出现并且有了不错的储备，他便趁势发起了健康医疗产业基金。

"中国产业转型升级带来的投资机会巨大！"这是曹国熊对未来投资形势的第一个判断。这一观点与银杏谷资本董事长陈向明的观点不谋而合。

面对摆在眼前的巨大"诱惑"和产业机遇，曹国熊一如既往地保持淡定。他选择从容不迫地、有序地、科学地制定投资策略，以更好地迎接未来产业变革带来的新挑战，他不会纠结，并且很有边界感。

投资一定要有边界感，这是曹国熊又一条重要的投资逻辑。

身处这个大变革的时代，发现并遇见产业变革的机遇，是一种能力；但或许，对真正有所作为的人而言，发现机遇后有针对性地选择并主动放弃一些机遇，只选取"力所能及"的那一点，反而更加困难。

怎么去理解所谓的边界感？曹国熊说，就是遇到了难得的机遇，他会毫不犹豫地去抓住；但如果遇到了阻碍，或者与机会擦肩而过，他也不会过于纠结。

从文娱到健康医疗的投资版图扩张，也是边界感驱使下的行为。"我们更擅长于根据对产业认知能力的不断提升，同步提升自己的'打法'。而投资的决策，本质上是基于个人认知的差异性。"曹国熊说。

所以，为了不断填补自己的"认知空白"，为了引导自己逐步踏入那些"未知的领域"，他将投资的过程视为一个认知不断提升的过程，投资因而变得"乐趣无穷"，而且他"享受得不得了"！

哈佛大学的"幸福课"风靡全球。教授这门课的泰勒·本-沙哈尔(Tal Ben-Shahar)教授认为，幸福取决于你有意识的思维方式。兴许，理解了投资的真谛，也就解开了管理企业和管理自己人生的幸福密码。

曹国熊很希望自己是一个还不错的老板。每个季度，他都在西湖边的那栋老别墅里，为他的团队请来全国知名风险投资人，传道授业解惑。不久前，他就为团队请来了险峰基金的创始人陈科屹和易凯资本的王冉。

他不辞辛劳地为他的团队请来这样一批一流的国内风险投资大咖分享经验，希望能够提升团队的工作幸福指数。当然，也是希望这帮小伙伴们借助这样的高端私享会，能茁壮成长，投出一家又一家的独角兽公司来。

和曹国熊的几次见面，他都忙得不可开交、分身乏术。我不知道他是用什么时间在思考，但显然，他一直没有停止过深度思考。

他说，对于普华资本和头头是道，他也有着自己清晰的边界。

对于普华资本，他将其定位在股权投资领域，"每年大约 20 亿～30 亿元的投资规模，随着收益的逐渐回收，可以逐渐增加自有资金的占比，实现良性循环。不盲目求大，保持自己的节奏"。

对于头头是道，他会花更多的精力去做产业资源整合，"希望能够孵化、整合出几个文化领域的产业化平台"。

他说得很平淡,但胸有成竹。"几个文化领域的产业化平台"——这大概是他为自己寻找的,下一个深深被吸引且力所能及的"未踏入的世界"?

吴晓波说,这个时代从不辜负人,它只是磨炼我们,磨炼每一个试图改变自己命运的平凡人。

作为一个不愿意辜负这个时代的平凡人,曹国熊还在不断催促着自己继续前行,不断提升认知能力;但同时,作为一个曾"站在高山上看到过无限风光"的不平凡之人,他一直懂得谦逊地将成绩归结于这个时代,他感恩时代,不忘做力所能及之事,"守住边界"。

他说,他一直试着让自己学会低调沉稳,也时刻在提醒自己:赚钱固然是一种能力,但真正考验人的是怎么把钱花得更有价值。

项建标：
一只中年大象的投资理想

　　2018 年 7 月 13 日,杭州独角兽公司 51 信用卡在港交所敲钟,成功上市,为正处于监管风暴中的互联网金融业带来了一片光明。身在敲钟现场的项建标心情大好。他是 51 信用卡的天使投资人,同时又与 51 信用卡 CEO 孙海涛是投资基金上的深度合作伙伴,他们联合发起成立了互联网金融的专项投资基金,试图布局上下游产业链上的优秀企业。

　　项建标的花名是"大象",这是一只一年读了 40 本经济学、哲学等经典著作的大象。大象说,对于年轻人来说,没有比读书更好的方法,能让自己变得很牛!这只才华横溢的中年大象还颇为诚恳地说,投资,不是着急着去想投什么,而是首先要学会"留白",想明白"你不投什么"。

　　投资案例:51 信用卡、开始众筹、速懒鲜生等。

　　一只特立独行的大象,向我们讲述了一个中国投资人如何追逐梦想的故事。

　　"大象",是盈动资本创始人项建标的花名。除了酷酷的花名,他还给盈动选了一句个性十足的标语:只投我们想要的世界。

　　2017 年年初时,大象在盈动资本的微信公众号上发了一篇荐书笔记,一时间,读者都被那些书名震慑住了。这大概是浙江本土创投界最爱读书的一位投资人了。

和大象的聊天极具挑战性,这是一只一年读了 40 本经济学、哲学等经典著作的大象,同时还是一个一年要见数百个创业者的投资人。他会随手捧着《人的行动:关于经济学的论文》《电的旅程:探索人类驾驭电子的历史过程》等经典书籍。所以,要听懂而且跟上他谈话的节奏和步伐,最好的方法就是点头,假装明白,然后悄悄标注疑点,私底下狠狠地恶补知识并查漏补缺。

只不过,这个世界上最遥远的距离,也恰好在于一年读 40 本书的距离。一个多小时聊下来,到底消化了几成尚不知晓,但有一句话听得十分清楚明白。大象说,对于年轻人来说,没有比读书更好的方法,能让自己变得很牛!

这句话,他还认真地记录在自己的随手笔记里。这绝对是一只爱思考、有人爱也遭人恨的个性鲜明的大象。

项建标

印象大象

2014年采访项建标的时候，他预见到一个属于移动互联网时代的新未来，当时他借助自媒体平台"B座12楼"，举办了一场场创业活动，发布了一篇篇激情昂扬的文章，都是为了让更多的人理解并拥抱互联网。

当时，移动互联网还是一个新鲜的概念，但4年后的今天，移动互联网时代已然到来；当时，很多人还在犹豫着要不要投资App，今天，App早已经成为承载功能的基础工具。

这个新时代，技术更新迭代之快，前所未有。昨天我们还在为阿尔法狗战胜柯洁而耿耿于怀，转眼间，今天阿尔法狗自己也成了战败的失意者。这就让投资的思维活动变得更具挑战性、更加刺激了。怎么在这个瞬息万变的时代潮流里，把握住时代的脉搏，提早预见新趋势并且提前布局？作为一位新时代的投资人，要靠什么样的资历和禀赋才能生存下去？项建标说："靠才华！必须赤裸裸地拼才华！"

才华横溢本质上不是一个偶然事件，而是"博观约取，厚积薄发"。才华从哪里来？项建标说："读书啊！投资行业很特别，它特别强调思想的重要性，如果没有思考，在这个行业做不到出类拔萃。"

所以，为了变得才华横溢和出类拔萃，他几十年如一日地逼着自己不断读书，读经典书籍。"投资比较特别，它可以像学者那样在书斋里思考、决策。"但投资同时也是一个逐渐精进的过程，还需要花很长的时间耐心等待，等待"时间的玫瑰"。

对投资人来说，慢，意味着要有耐心，耐得住寂寞。一旦投下项目、播下种子，要有那份静静等待花开的平静和淡定。但作为一名优秀的投资人，你既要感知到这个时代浪尖的脉搏，和创业者"同呼吸共命运"，又要拥有激情昂扬的斗志和敢于畅想美好未来的勇气。所以，项建标对"投资入门槛很低"的说法不以为然："门槛低吗？我觉得是很高，而且越来越高。"

大象身穿一件白 T 恤，随意休闲的穿着，看着有些不修边幅，脸色和言语间却透出风骨。大象不是不在乎形象，他只是更在乎言谈举止中的气质、思想深度。他爱恨鲜明的言辞间，透露出对自由和美好生活的真切向往之情。当然，现实是否真的如他标榜的那样"性感"，可能又是另外一回事。

他不爱官场上的应酬礼节，但这并不是说要做一个完全置身事外的"神仙"。"一个投资人，一个中年愤青，一个通过读书，痛苦地不断提升自我，希望用这种方式来战胜自己（的人）"，这是项建标对自己的自画像。

但往往是当你还沉浸在这样一串自嘲意味十足却充满哲思和文采的优美语言中时，他又会情难自禁地蹦出这么一句话："投资这条路，挺痛苦的！"

那么痛苦为什么又非做不可？他又这样解释："投资总体上来说是快乐的，就像巴菲特说的，每天去上班就像是跳着舞去西斯廷教堂。但这并不意味着没有痛苦。痛苦都是非常具体的，比如项目源，比如为什么错过一个优秀的项目，为什么员工要离开了……但总体上是开心的。"

投资和概率游戏

从事天使投资已经 10 年了，项建标在投资的路上跳过了不少的坑，也越过了不少的坎，当然也收获了一批投资界的挚友。他建立了自己的创业自媒体"B 座 12 楼"，标榜说要让创新得到赞赏，成为杭州互联网思维最早的一批"传道者"。

所以，在杭城，他也率先播下了不少互联网独角兽的种子，如 51 信用卡，他还和 51 信用卡的 CEO 孙海涛合作成立了互联网基金，投下了 5 个与互联网相关的项目；此外，他还投资了开始众筹、有喵租包、人人视频……

项建标说，人脑就像阿尔法狗，它吸收了 3 万多个围棋高手的智慧，然后基于此，对未来的投资机会做出认知上的判断。所以，投资决策本质上是一场思维活动，是一个概率事件。每一次的投资决策，都是概率和赔率之间的权衡。但不可能将成功的概率和赔率通过一系列财务数据和公式，变成具体的数字，然后得出一个结论。真正到了每一次投资决策的时候，千言万语，最终只能化为一种感觉。

但他又完全不认为这种"感觉"是随机的。这是一种建立在非常丰富的知识结构和认知模型基础上的感觉，也是综合了社会学、经济学、哲学等多学科知识聚焦后产生的感觉。要想获得这种"感觉"，是最考验功力的。

话说得有些绕口，但项建标的表情认真得像个整日待在书房里深居简出的老学究。表面上看，他是那么潇洒而不拘一格的人，但又活得非常认真，不管别人是否理解。在他投资的 CEO 里，51 信用卡的孙海涛，开始众筹的徐建军，一个比一个能侃，但除了能侃之外，他们更大的特点是风格鲜明，身上总有那么一股宁死不屈的韧劲。他们都创业过好多次，失败过，自然也焦虑迷惘、痛哭流涕过，一路走来却总是不乏一批奋不顾身追随的兄弟们。这种种风格掺杂在一起，就让他们艰辛的创业故事异常生动精彩。

"这才是我要找的 CEO。投资首先是投人，人的格局有多大，事业自然就能走多远。那时要说我知道有一天开始众筹会变得这么大，那肯定是骗人的。但今天来看，它还能走更远，我相信。"项建标说，他认识徐建军 10 多年了，为什么投他？就是当时觉得这个人靠谱，能做成事。果真，徐建军不仅没让他失望，还远超出了他的预期。2017 年 8 月，开始众筹宣布已完成 C 轮 1.9 亿元融资，云峰基金领投，俨然成为一家市值超过 10 亿元的小独角兽。

虽然事后回忆起来，当时的投资那么果断、坚决，意气风发，好像德州扑克场上一个个快速、果断的逻辑推理。但具体到现实的社会却要复杂得多，当"感觉"只提供一个感性的认知，无法去确定各个要素的重要程度时，决策就会变得纠结。

在来接受采访的路上，项建标还去见了一个创业项目负责人，这已经是他们的第三次见面了。通过之前的两次聊天，他判断该项目所属行业没有问题，创始团队也挺好，但因为"总感觉哪里没有到位"，一直没定下来投或不投，所以挺纠结。

"纠结的时候，不得不一次次地聊，其实挺浪费时间的。"项建标瞧了一眼手上的烟，轻轻弹了下烟灰，皱了皱眉，不自觉又陷入了"到底哪里不对劲"的纠结思绪里，沉默许久。

所谓投资的"感觉"，并非无根之源。放眼投资界，有两位教父级人物：芒格和巴菲特。但项建标喜欢芒格远胜过巴菲特。"芒格的投资直觉基于他自己对投资从心理学、哲学、经济学等系统思考，并自成体系。但巴菲特的成功更多地在于他的实战业绩和对经验投资理念的成功运用，他没有形成自己独有的思想体系。"

巴菲特说，所有的投资其价值归根结底都是现金流的折现，但芒格反驳他说，从来没看他用过这一招。巴菲特回答说，如果一个项目要用现金流的折现方法计算，说明这个项目还不够好。这是对投资项目逻辑最精彩的回答。当然，巴菲特也说过，好项目是"闻"得出来的。

概率也好，心理上的"误判"也好，感觉也罢，项建标一直都在尝试着用自己的方式去追逐心中的梦想，并在这过程中"顺便"建立一套自己"闻项目"的独家秘籍。他说，基本上每一次读书，都能带来一次自我感觉精进，因为基于阅读和总结实践经验后，他能对自己的投资体系进行不断完善。

"我自己可以感觉到这些年的精进，身边的人应该多少也能感知到，"他说，"至少，今天再去投下一个项目后，心里更有底了，不会再像当初那样心里忐忑、难以安枕。"

天使投资的痛苦之处在于，一旦项目失败便血本无归，但资本本身却是逐利的，无法宽容失败。反之，天使投资的魅力也在于此，在高风险的"对赌"之后，一旦成功，收益就是数千倍乃至更高。但项建标认为，天使投资也有自己的止损法则，就是大数法则。就像硅谷著名投资人彼得·蒂尔（Peter Thiel）讲的，投资的项目组合里，第一名的项目往往占了大部分收益，第二名的项目占了第一个项目之外的所有收益。所以投资允许有失误，这些失误的风险也是可以被前几名的项目的收益所覆盖的。

用投资，"任性"追逐心中的梦想

> 现实不尽如人意，但绝不妥协生存
>
> 因为世界与你，从来不是泾渭分明
>
> 商人重利轻离别，是诗人的误解
>
> 只有置身其中，方能感受它的迷人——
>
> 我们在此，享受同道的共鸣
>
> 被慰藉的喜悦，或是找到生存人间的意义
>
> ……

这段文艺范十足的话，来自盈动资本的创业活动开场白《致我们想要的世界》。

投资对于创新经济而言意义非凡，是因为投资本质上是一个选择，要有前瞻性，还得有自己的"风格"，而在你确定所有这些选择之前，首先得想明白，你不投什么。这是项建标在 20 年读书和投资实践中积累的又一个重要投资法则。

拍照片是不拍什么，画画是想明白不画什么，讲究"留白"。为什么强调"只投我想要的世界"？投资人追求的是什么？夜夜安枕。这就是他的安枕秘籍。

"因为这个世界的机会太多太多了，我们那么渺小，精力如此有限，只能选

择其中一部分'我想要的'就足够大了。"

盈动不投什么？项建标列出了三大禁忌：

(1) 只想着赚钱的，不投。因为没有愿景，没有立足于创新。

(2) 三观不正的，不投。不是建立于科学世界观之上的项目不投，包括所有保健品类的项目，百分之百确定不去投。

(3) 没有互联网思维的不投。什么是互联网思维？就是一切以用户为中心、迭代思维、管理上遵循终端决策机制。

徐建军说，做一个好的产品，我们首先要明白一点：我们都是小人物，在这个社会里，我们（创业者）不是什么大人物，是非常微小的。但小人物也有自己的"风格"。风格，可以理解为我们对生活甚至是对世界的一种理解，我们把它称为共同愿景。他说，创业是我们报复平庸的方式。

项建标太喜欢徐建军身上这股才气了。创业者们在用创业的方式来选择、塑造他想要的世界，投资人则是手握资本来筛选、塑造"我想要的世界"，渺小却又意义重大。

"这个说出来可能会被笑话，但投资对推动社会进步的作用就是在变得越来越重要。"项建标说，钱本身是中性的，但投资做出的选择就很有意义。

芒格说，做一个不赚钱的企业本身是不道德的。作为投资人，现在再去投资一个传统而低效率的企业是不道德的。落后的、传统的就应该转型升级，改变不了就只能被淘汰。

"这个理想今天很渺小，但我确信，我在用我的方式在突破、寻找一种改变这个世界的正确方式，而且今天我这个理想确实在发挥重要的作用。其实，每个人都在用自己的方式去突破。"

为什么投资要有前瞻性？项建标喜欢用小米手机和锤子手机截然不同的命运来说明问题。为什么罗永浩和他的锤子手机充满了情怀和创意，命运却如此多舛，推广之路充满艰辛？因为时机不对。锤子手机比小米手机的面市足足晚了两年，这两年，对一个产品的生存周期来说，是至关重要的。

今天来看，放眼望去，未来 3 至 5 年的机会何在？大象认为机会存在于以下行业：大数据和人工智能，消费和文娱，互联网金融。找个正确的方向和领域，然后再寻找这些领域内的头部公司，这是一条有大概率会成功的投资路径。2017 年，盈动和 51 信用卡合作成立了一只互联网金融专项基金，已经合作投资了 5 个项目。但在三大领域中，大象最喜欢、最看重的还是消费和文娱。

"这个领域的空间太大了，机会也非常多。典型的像人人视频。"2015 年，盈动投下人人视频；2017 年 12 月底，人人视频宣布完成 1 亿元的融资，短视频内容的价值正在被市场认可。

"就像新零售领域，现在很热门，但如果提早两年布局就完全不一样了。所以，投资，除了方向，时机太重要了。"大象说。

2017 年，他又看好租赁市场，投下了有喵租包和机蜜。他说，当人们的消费理念完全改变时，资产的所有权已经不重要了，背后产生的大量的创业机会，叫人欣喜若狂。

"我还看到了什么？看到了订阅式的消费要起来了。我正在寻找订阅式消费。无人货架（方向是）错的，应该是冷链货架。"事实上，大象已经悄然布局了新零售的代表速懒鲜生。

盈动资本的投资总监徐佳欢最近发表了一篇研究文章，指出消费升级背后的真谛在于资产运营效率的提升。他说，围绕着资产运营效率的提升，人们对资产所有权有所淡化，由此，有了共享单车、共享充电宝等。

这解释了项建标对于新零售的热爱，以及对于共享经济、租赁经济的认可和钟爱，因为这些是真正有经济学意义上的深层逻辑的。

而风格也好，前瞻性也好，追根究底，这个时代的竞争，本质上是认知上的不对称问题，而不再是信息上的不对称。这个被追随他数年的老员工描述为"一个心怀笨拙温情的老男人"，用他 20 年的读书积累的所有哲思精髓，在一个多小时的时间里浓缩为精练的语言,抛出来,满怀诚恳,干货满满,又才华四溢。

他说,他花了 20 年让自己变成一个有知识的文人,又花了 20 年让自己排出思想上的毒素,变成一个思想比较"正"的人,建立了自己朴实的价值观。在任何领域,如果一个人的价值观不"正",就很难有大的成就。

"这一代人发生的巨大变化,历史上从来没有过。这是一代没有经历过匮乏的年轻人,他们慢慢成为消费主力的时候,整个社会的全方位变革就开始了。在这个全新的时代,匮乏没有了,这是一个无限丰饶的世界。所以,所有原来的消费品牌都需要消费升级,你说有多少机会? 机会是正态分布的。"

"但对创业者来说,要找到这些未来可持续的创新机会,还需要才华。投资也一样,想要脱颖而出,想要抓住这个时代的脉搏,你有才华吗?"

可是,什么叫才华? 它可以细化为哪些具体的特质? 是一种生存的智慧,一种接受延迟回报的特质,还是独具一格的风格?

他用他最朴素的价值观,来缅怀过去吃过的苦、走过的弯路和跳过的坑;用他最深层的思考,来记录这个变革的新时代;用他"渺小"又风情万种的理想,去塑造他的理想新世界。

什么叫智慧? 项建标说,未来是一个必须标签化生存的世界,人们必须学会打造自己的 IP。一个人牛气与否,关键还在于他能否接受延迟回报。Facebook 的创始人扎克伯格是如此,后来的新秀 Snapchat 的创始人亦如此,他们都在事业如日中天之际、在别人开出漂亮的价码想收购的时候,选择了拒绝,选择了延迟回报,这才有了今天伟大的 Facebook,有了今天估值超过 250 亿美元的 Snapchat。

"我迄今也想不出来,除了读书,还有什么更好的方法解决认知差距问题。我们这代人,一定要让孩子们明白,没有比读书更好的方法,让自己变得牛气,变得才华横溢。当然,前提是要正确地读书。"

大象那些不可错过的经典语录

（1）本质上，我是一个对人性有深度洞察的消极的乐观主义者。就像马东说的，他的底层是悲观的，但是表现出来又是乐观的。

（2）投资是认知的红利。

（3）价值观是帮助我们选择的武器，如何选择，重要的不是认清楚它是什么，而是我们需要什么。价值观是人生得失的定价模式。定价不是具体价格的标注，而是对重要度的一个排序。

（4）我们需要接收的信息，是大量确定的信息，是 information。但是现在接收到的都是无意义的信息，是 message，需要用大数据思维，就是概率思维。

（5）读书是一种延迟回报，是一个非常缓慢的裂变过程，缺乏即时的激励，所以很多人很难坚持下去。"棉花糖效应"的故事告诉我们，接受延迟回报是一个非常重要的品质。

大象的 2017 年私人书单（部分）

《人的行动：关于经济学的论文》

《电的旅程：探索人类驾驭电子的历史过程》

《"错误"的行为》

《世界为何存在？》

《机械宇宙：艾萨克·牛顿、皇家学会与现代世界的诞生》

《有限与无限的游戏：一个哲学家眼中的竞技世界》

《约瑟夫——一个政治性人物的肖像》

2

捕手的秘籍

顾　斌：
我是如何投下 23 家上市公司的

> 顾斌将浙科投资的总部安在了杭州电子科技大学的校园里,每天上班可以经过校园内绿树成荫的小道,这是一个幸福的选择,就像他选择了做投资。
>
> 过去的十多年时间里,顾斌见证了中国的股权业从无到有,再到今天的繁荣盛况,内心不无感慨。迄今他仍然清晰地记得,曾经受制于旧的《中华人民共和国公司法》发展艰难的股权投资业,在 1998 年 3 月,因为一个题为《关于尽快发展我国风险投资事业的提案》的"一号提案",从此燃起了熊熊烈火。
>
> 投资案例:升华拜克、新安化工、传化股份、新嘉联、大立科技、银江股份、华友钴业等。

顾斌,浙江浙科投资管理有限公司(以下简称"浙科投资")董事长,从事投资逾 25 年,几乎历经了中国风险投资行业发展的全部过程,也见证了 20 年来中国风险投资业的快速成长史。

或许正是这种全面的经历,让他"参悟"了中国风险投资的要诀,他带领着浙科投资已经累计投下了 23 家上市公司。更叫人惊讶的是,2017 年前 5 个月,浙科投资所投企业已经又有 5 家在 A 股上市了……

这是一家怎样的投资公司,顾斌又参悟了哪些投资要诀?

顾斌将浙科投资的总部安在了杭州电子科技大学的校园里，每天上班可以经过校园内绿树成荫的小道，这是一个幸福的选择，就像他选择了做投资。

聊起投资的秘诀，顾斌说，功夫都在脚上。"就是看项目，不停地看，不停地感知市场温度。"

在浙科投资长长的投资项目名单上，有着许多我们非常熟悉的名字：升华拜克、新安化工、传化股份、新嘉联、大立科技、银江股份、华友钴业……

为何浙科投资能投下这么多的上市公司？在这张漂亮的业绩单背后，有着怎样的投资逻辑？

顾　斌

法则一：首先看技术和行业

"技术为先"，是顾斌的投资逻辑之一，也是由浙科投资的历史背景决定的。

1993年，注册资金3000万元的浙江省首家创投企业——浙江省科技风险投资有限公司成立，省科技厅为控股股东，旨在借助风险投资扶持省内的高新技术企业。所以，从成立伊始，顾斌就将投资的方向瞄准了省内的科技企业，"只要是科技类项目，不分融资阶段，都会考虑"。

事实上，即使是在今天，在寻找科技类优质项目时，从科技部门评选的高新技术企业中筛选依然还是一条"捷径"。顾斌透露，在科技部门按照特定指标筛选出的企业的基础上，投资公司再从优中选优，投资成功的概率自然会更高些。

到 2011 年，浙江省科技风险投资有限公司改变了经营模式，成立了管理公司，组建社会化基金，如今的管理基金规模逾 60 亿元，专注科技项目的初衷从未改变过。

"(投资)路径是相对公开和透明的，就看投资公司有没有这根弦去做这些功课了。"

除了技术本身的领先性和独创性，还需要考虑新技术本身的市场应用前景如何，"不是听创业者谈得天花乱坠就好，还得根据自己实际的经验和尽调(尽职调查)形成独立的判断"。

顾斌分享了一个多年前的投资案例：一个以天然材料提取物制作的食品添加剂项目。

这个项目本身的技术确实具有先进性和独创性，但是顾斌和他的团队在实际的尽调中却发现了这个技术在市场化过程中一个近乎致命的问题：这种食品添加剂只能用于水溶性食物，不能用于油溶性食物，这就导致其市场应用范围大规模缩减。后来这家公司在发展过程中果然碰到了推广的问题，最终以失败告终。

"技术的领先性是必要条件，但不是构成投资决策的充分条件。"顾斌感叹。因此，他又有了自己的第二条投资法则。

法则二：成功的投资重在选对的人、选对的团队

对的标准是什么？

这是一条类似于巴菲特"持有、持有、再持有"式的简单又极其难执行的投

资律条。看人？看团队？投资圈的人都知道的真理,问题在于：怎么个看人、看团队法？

"说起来其实很简单,看人、看项目……"顾斌笑笑说,这可不是忽悠你,也只能这么选。他说,从过往的历史投资案例中,他总结出了一个规律：投资要真正成功,不能只看技术的先进性。技术和行业当然很重要,但是如果没有一个好的团队,那么再好的行业和技术也是徒劳。所以,归根结底,还是得去看创始人的管理能力、创始人对这个行业的热爱程度,还要看创始人的用人能力及团队的实力和凝聚力。

"如果说初创时期发展很快,靠创始人的个人能力就足够了,但一旦过了初创期,企业要继续再上一个台阶,就无法靠创始人个人,而是要靠团队协作能力了!"顾斌说。

有案例为证：顾斌曾投过一家因其技术突破,其产品在市场快速推广开来并获得高额利润的企业,在创立之初的前两年,这家公司也确实迎来了一段高速增长期。但好景不长。两年后,市场上迎来了大量的跟随者,蓝海市场快速转变为红海市场,创业者要在这个阶段的市场激烈竞争中胜出,真正考验的就不是技术,而是创始人的格局和团队协作能力了。

一次,顾斌对这个投资项目做例行的投后拜访,见到的情况吓了他一跳：整整一个小时的见面时间,他只和这位创始人聊了不到十分钟,谈话不得不一次次被电话或者是被前来请示、签字的人员打断。眼看着他的团队从内务到市场价格授权都必须咨询老板才能决定,顾斌内心泛起了隐隐的担忧,于是向这位创始人给出了善意的提醒。

一年之后再去拜访,他发现这家公司还是同样的状态。此时这家公司的业绩增速已经在放缓,顾斌断然做出了股权回购退出的决定。

但这并不代表他不看好这个行业。他转而去投资了他当时判断管理能力更强、团队实力更好、更具有抗风险能力的其他企业。不出三年,新投资的企业在 A 股成功上市,而前一家企业就一直在几千万元销售收入附近徘徊。

"我们必须明白一点:再先进的技术,也没有永远的蓝海,凡是好的技术和有市场前景的应用,一定会有激烈的竞争。而对投资者来说,他要优选的是一家能走得更远、经得起市场拼杀的企业,而不是被眼前短暂的先发优势所迷惑。"顾斌总结道。

那么,所谓"投资对的人和对的团队",又应该是一种怎样的表现和状态?

顾斌回忆起来,去升华拜克做尽调时的场景依然历历在目:

1995 年,他们去升华拜克拜访其董事长,发现公司的整体分工非常明确:了解市场情况,是与分管销售的副总沟通;了解技术情况,有分管技术的带头人出面答疑;和董事长沟通的是公司未来的发展战略。在顾斌和他的团队看来,尽调下来就可以形成判断:这是一个融洽且分工有序的团队,值得投资。

1999 年,升华拜克成功上市,到今天总市值已经近 150 亿元。投资法人股时每股价格不到 1.54 元,到其上市后最高股价达 30 元每股。

迄今为止,顾斌及其团队已成功投下 23 家上市公司,且这一数据还在继续增长。除了严格执行以上两点投资法则,还有第三条法则吗?顾斌说:有!

法则三:以增值退出为导向

是讲究情怀还是赚钱?

对投资人来说,两者孰轻孰重的问题,像是鸡生蛋和蛋生鸡的讨论,从来都没有定论,往往知名投资人们都会各执一方,有自己的坚持。

著名经济学家保罗·罗默(Paul M. Romer)指出,投资是一系列不可描述的求极限的数学论证。这是一系列只有理科生才能看懂的公式和计算题,从这个角度看,投资是关于最大限度追求收益和回报的数学题。

但在今天的中国，你会发现知名投资人更多的是文科出身，他们更讲究情怀至上，而不是去埋头计算做一道道数学题。

说到情怀，音乐科班出身的真格基金投资人徐小平算一号情怀投资人。从早期加入新东方、跟随俞敏洪创业开始，到后来投资真朴教育、易道用车等，徐小平的投资逻辑背后，情怀似乎是主要的因素。

在投资界，情怀被视为一种弥足珍贵的情感，是投资者和创业者的价值观趋同而产生的共振。

情怀，有时候也被视为一种直觉和"眼缘"。

但顾斌属于务实派，他更愿意去关注项目本身的增值退出问题。他说，不是说不讲情怀，但毕竟风险投资作为一种机构行为，投资机构要在市场上生存、发展和壮大，本质问题是如何成功退出、为股东获得收益。

"投资本质上还是以成功退出为目标，以增值、效益为目标，任何一个项目，在决定投资之前，我一定是已经想清楚了其大概的退出路径。"

因为从一开始就执着于退出问题，所以，浙科投资在 1995 年就开始尝试"股权回购"，并在实践中加以应用。这个基于实践经验的创举，使浙科投资在 20 世纪 90 年代就能实现循环投资并年年实现盈利。

虽然在今天看来，投资者在风险投资时与企业协议商定股权回购已经是非常常见的事，但在 20 世纪 90 年代初、在国内风险投资行业还整体处在懵懂期的时候，并没有"回购"一说。

自 1994 年 7 月起施行的《中华人民共和国公司法》第十二条有明确规定："公司向其他有限责任公司、股份有限公司投资的，除国务院规定的投资公司和控股公司外，所累计投资额不得超过本公司净资产的百分之五十……"这就更加限制了投资公司的发展。

制度跟不上市场发展的步伐，束缚了风投业的前进步伐。但实战派出身的顾斌看到的不是束缚，而是如何在现实中寻找生存之道。

如何破题"退出"问题？1995年,浙科投资经过多方商议求证,正式提出了"股权回购"的概念,和所投项目约定,"三年内允许股权回购"。也正是从最初就想明白了"如何退出"这一本质问题,才使浙科投资的资金得以成功循环利用。

事实上,因为没有解决好退出问题,20世纪90年代初,中国的早期投资公司遭遇了一批倒闭潮。一些先知先觉的经济学家开始意识到了扶持发展风险投资行业的必要性和重要性。

1998年3月,在全国政协九届一次会议上,一个题为《关于尽快发展我国风险投资事业的提案》的文件引起了关注,被列为"一号提案"。该提案披露了一个令人担忧的现实:全国一年有3万多项科技成果,仅有20％能转化成产品,而建厂生产真正转化为生产力的不足5％,与此同时,海外风险投资正准备大举进入中国寻找投资机会。由此,该提案所呼吁的风险投资在中国才真正引起政府和国人的重视。

领衔提出这个"一号提案"的,正是在那年的全国"两会"上当选为全国人大常委会副委员长的成思危。他也因此被称为"中国风险投资之父"。

"一号提案"起了点火的作用,把中国风险投资的热潮掀起来了。于是,从1997年到2001年,中国风险投资蓬勃兴起,当时仅境外风险投资规模就超过3亿美元。

但在这期间,虽然企业可以上市,投资机构却因为股市未实现全流通,依然没有很好地解决退出问题。近10年过去了,退出渠道的限制,依然是风险投资业发展的最大羁绊。

顾斌回忆,在股市非全流通时代,投资机

成思危

构遭遇的尴尬情况是，虽然股票的挂牌价可以达到几十元每股，但投资公司的法人股却只有 3～4 元，并且无人问津。而且，如遇企业发行按市场价实施的配股，投资机构拿到的依然是法人股，无法流通。所以，当时的国有投资机构宁可所投企业不要上市。"听到企业上市会担心，因为国有投资机构必须接受配股，市场价拿来的配股远远高于法人股价格；更要命的是，机构接受配股后拿到的却依然是无法流通的法人股……"

一直到 2005 年 5 月 12 日，股权分置改革正式推行，中国股市真正开启了全流通时代，情况才有了本质性的转变。这是一个值得纪念的日子。

2005 年之后，国内风险投资终于迎来了第三轮发展热潮，也是风投行业发展真正的黄金时代。随着全流通时代的到来，A 股在 2007—2008 年迎来了历史性的大牛市。基本上，在这期间布局的股权投资，都能在 2008 年之后迎来近乎暴利的丰收期。在这之后，风投开始成为真正赚钱的行业，个案成功投资后的收益，终于能够覆盖其他的投资风险。

浙科投资在此前的大部分法人股布局，也在这轮大牛市里迎来了收获期。因为提早布局，其有幸站在了风投发展黄金期的风口浪尖上，收获了令人艳羡的收益。

"可以理解为，风投行业的几轮大发展契机均是来自于退出渠道的不断拓宽。投资当以退出为本。"顾斌说。

中国风险投资发展三部曲

时　间	阶　段
20 世纪 90 年代初	第一次浪潮：一批地方政府引导基金成立。
1997—2001 年	第二次浪潮：中国风险投资蓬勃兴起的时期。境外风险投资规模就超过 3 亿美元。虽然企业可上市，投资机构却因为股市未实现全流通而无法获利退出。
2005 年以来	第三次浪潮：随着股权分置改革的正式推行，中国股市真正开启了全流通时代。

　　在今天这个全新的全民投资时代，风投行业的暴利期似乎已过。当问起顾斌又将如何寻找下一轮的投资机遇时，他说："还是以增值退出为导向。"

　　顾斌解释，在未来的一段时间里，投资增值退出无非以下几个路径：上市、并购、股权回购等。

　　"未来，并购会成为越来越重要的路径，但通过并购成功增值退出，考验的还是投资机构本身的专业服务能力。它需要投资人对整个行业做上下游的资源配置，打造行业生态圈。"

　　作为新商业文明的提倡者，著名媒体人秦朔提出了情怀和商业文明的规则孰轻孰重的探讨，个中理念与顾斌的"以成功退出为导向、为股东获取收益为经营第一方针"的理念不谋而合。

　　说到底，谁能为股东拿下一年的好收成，谁才是真正能笑到最后的英雄，才算是新商业文明的弄潮儿。创业如是，专业的投资机构更是如此。

陈 斌：
布局硅谷、布局全球

2008 年，杭州市创业投资引导基金成立伊始，闻风而动的陈斌即极力推动，使浙江赛伯乐成为首批与杭州市创投引导基金合作的基金之一。这只取名为灵峰赛伯乐的基金投出了经典案例聚光科技。从 2 人发展到 2000 人，目前聚光科技市值已经突破 140 亿元。

5 年后，灵峰赛伯乐成功完成退出，这也是杭州市政府引导基金首次实现引导基金财政资金循环。

2014 年，陈斌再度与市政府引导基金的管理母公司杭州高科技投资有限公司合作，在美国联合成立了杭州硅谷孵化器，开启了他的 G10 国际化布局。

2016 年，杭州成功举办 G20 峰会，杭州市委书记赵一德不失时机地提出，杭州要推进新一轮国际化。此时的浙江赛伯乐，已经在海外完成了包括互联网、TMT、基因健康产业等领域的项目布局。

"投资，胜在拥有一双全球眼，胜在擅长借势打势。"陈斌说。

投资案例：聚光科技、连连科技、挂号网、阜博通（Vobile）、欧克利（Oculii）、IDM

清晨，小雨，空气中还透着丝丝的凉意。赛伯乐位于杭州八卦田景区的总部，正被黄色的油菜花环绕着，出奇的清新。这是一个周五的上午，浙江赛伯乐创始人陈斌，正在会议室与美国硅谷的团队开视频会议。

会议室内，除了他本人，还有负责投资的合伙人、三位负责海外项目对接的投资经理等。

"好的好的，医疗这块，肿瘤治疗你也特别关注下！"陈斌一边交代一边结束了这一天的跨国视频会议。

他非常享受这样一个个充实的早晨。跨国视频会议、每天了解来自全球最前沿的创业科技信息，他仿佛获得了一双窥视创业先机的"天眼"。事实上，在过去的三四年时间里，他都在致力于获取这样一双"窥视"全球的"天眼"。

"为什么当年我们浙江资本会错过阿里巴巴？我觉得关键在于我们对全球的产业趋势没有一个很好的全局把握。"陈斌认为，只有把握了全局，了解了这个世界经济和科技发展的趋势，才不会错失行业布局的机遇。

所以，反思过后，赛伯乐的大部分布局，均围绕着"不再错失下一个阿里巴巴"而来。

陈 斌

要有一双"全球眼"：浙江资本与阿里巴巴失之交臂后最痛的领悟

在杭城的创投界，陈斌是特别活跃的一个人，给人乐观开朗的感觉。每次在公开的场合，无论是做主题演讲还是当主持嘉宾，陈斌所到之处总是能让现场的气氛变得异常轻松。

在聊到投资背后那深奥复杂的逻辑时，陈斌总是惯于用"阴阳理论"，也就是以人们最熟悉的"男女朋友谈恋爱"为喻来描述投资方和项目方之间的微妙关系，让在座的众人顿悟个中真谛。

其实，年轻的时候，陈斌也曾尝试过弥补自己的短板来寻求事业上的突破，比如他知道自己的外语不好，就试图学好英语，实现自我提升。但后来发现这个逻辑不通，他资质平平，学起来很吃力却未必能有质的突破，干脆就转而发现自己的优点并将其发扬光大，他发现自己最大的优势是语言表达能力。而做投资恰恰要说服 LP(Limited Partner，有限合伙人)投资你并说服项目方让你投资，所以他说，选择做投资是他反复思考之后慎之又慎的最好选择。

2003 年不算是个特殊的年份，美国互联网的泡沫已破 3 年之久，全球的互联网投资市场一片沉寂，还处在缓慢的疗伤修复期。但在中国市场，互联网变革传统商业模式的历史性机遇却已经开始凸显。越来越多的海外国际巨头开始将目光聚焦到这个曾经对互联网并不熟悉却有着全世界最大消费市场的国家，包括全球最大的电子商务巨头易贝(eBay)，知名投资机构高盛、国际数据集团(IDG)等，也有一大批海归创业者开始回国创业，并在互联网领域崭露头角。

2003 年，百度和腾讯的发展已初具雏形，但 BAT 阵营尚未形成，在国内的互联网界，雅虎中国的发展如日中天，还有新浪、搜狐和网易等门户网站已经成为国内网民最经常访问的网站。

　　这一年,阿里巴巴开始布局电子商务的消费领域,淘宝正式诞生,在中国主战场开始与 eBay 进行正面交锋。而且因"非典"事件,被隔离员工不得不在家办公,反而因祸得福,在线购物理念开始深入人心,阿里巴巴的竞争优势渐显。但即便如此,此时的阿里还并未入 eBay 的"法眼",同样也未进入杭州多数本土创投机构的视线。

　　此时此景下,有着深厚的美国硅谷资金基础的赛伯乐乘势而来,来到中国,来到杭州,也可谓正当其时。赛伯乐选择落户杭州,与陈斌有着莫大的关系。他是浙江衢州人,他觉得在家门口的省城杭州发展,无论是募资还是投资项目,本土优势会更明显。恰好此时北京等一线城市的投资资本已经饱和,而杭州对风险投资的理解尚浅,机会更多。

　　事实上,从浙江赛伯乐落户杭州的第一天开始,陈斌就已经找到了自己的定位:立足本土化,同时布局国际化,充分发挥赛伯乐的硅谷背景优势,使其能在众多的浙江本土创投机构中脱颖而出。

　　但此时陈斌还深深陶醉在"国际化背景"光环下,阿里巴巴和马云的"草根"气质,并没有引起他的特别注意。事后想起更让他觉得可惜的是,当时他真的没有深刻理解马云和他伟大的"互联网帝国"的梦想。

　　时至今日聊起这事时,陈斌依然在反思:"根本的原因在于我未能觉悟到当时中国在整个互联网发展中的历史性战略机遇。马云的成功实际上不是因为他是马云,而是因为他在中国、他选择了电子商务消费领域最大的市场。"当然,浙江投资资本错失阿里巴巴,很大一部分原因归咎于多数的杭州本土投资机构包括赛伯乐在内,都处于初创期,资金规模尚小,对投资的风险承受能力还很差,而那时连马云自己都对何时能开始赚钱心里没底。

　　浙江资本痛失阿里巴巴这事,也一直在"鞭策"他:要立足本土,还需要有一双"全球眼"。这是他近年来快马加鞭布局全球的一大促进因素。

　　"从哪里跌倒就从哪里爬起。"陈斌说,他从未觉得自己是个完美的投资人,起初赛伯乐确实是比较粗放式的发展,但他庆幸的是自己也在和赛伯乐的全球化平台一起成长。

如果说在十年前,投资人在浙江还很稀罕,十年后的今天,投资人成了一个低门槛的行业,业内人士还会戏称,往咖啡馆里一坐,十个有八个是投资人在聊项目。投资开始变得泡沫化,而年轻投资人的出道、成长,在为杭城的投资圈注入活力的同时也带来一些副产品,如项目方的估值水涨船高、价格实惠又具有成长潜力的好项目越来越稀缺了。

"我将现在的风险投资人分为三种境界:第一种是漫天找项目,自己对行业没有独到的见解;第二种境界是偶尔投中了好项目;第三种才是投资人的最高境界,凭借着长年累月的积累,对全球的产业发展趋势有了'感觉','感觉'无处不在。"

他评价自己,正在从第二种境界一路狂奔向第三种境界的路上。

痛失阿里巴巴后布下全球化之局,让下一个"阿里"无处可逃

浙江赛伯乐投资管理有限公司起源于美国硅谷,2003 年正式落户杭州。迄今,浙江赛伯乐的基金管理规模逾 100 亿元人民币,在浙江本土的创投机构里赫赫有名。

陈斌和赛伯乐有着很深的外资背景,创始合伙人朱敏是美国硅谷的知名创业家,初始的 LP 里面也有美国、欧洲资金的身影,国际化的背景是赛伯乐今天区别于杭州其他本土创投机构的一大特色。但同时,在过去的十年间,陈斌又致力于赛伯乐在杭州的本土化。他一方面和杭州市、浙江省政府保持着紧密的联系,努力地参与到杭州乃至浙江的产业转型升级当中去,并尝试为其产业转型升级献计献策;另一方面,他也让自己的投资项目方向与杭州市、浙江省政府极力推行的十大战略性新兴产业紧密结合,融入其中。

正是基于他对本土化政策和国际化投资逻辑的深刻理解,2008 年,在杭州市政府推出旨在扶持风险投资业发展的创投引导基金伊始,浙江赛伯乐就成了最早的一批合作投资机构之一,而这只有着政府参股背景的创投引导基金灵峰赛伯乐,后来投出了其投资历史上最为经典的项目:聚光科技。

聚光科技的创始人王健是典型的海归技术派,同时又成功落户杭州进行本土化发展,完成从创业到上市的全过程,验证了赛伯乐"本土化结合国际化"投资模式的可行性。

如果说聚光科技还是赛伯乐海归本土化创业成功的"偶然之作",2014 年,陈斌与杭州市政府在海外设立跨境投资天使基金的首家合作机构杭州硅谷孵化器,则是浙江赛伯乐确认并且加快步伐,布局全球化战略,迈出的跨越性的一步。

这一步在两年后的今天再回顾来看,无论是对陈斌个人而言还是对赛伯乐未来的发展而言,都具有战略性的意义。

杭州硅谷孵化器的运作逻辑是:要通过"走出去",真正融入硅谷创新投资圈,从而使其成为杭州在海外招才引智的重要窗口。

陈斌和杭州市高科技投资有限公司董事长周恺秉有着共同的海外投资情结,在如何"走出去"在海外引才引项目的理念上,双方有着许多志同道合之处。

这样的"走出去",深入硅谷前沿阵地的政企联手打法,对双方团队来说也是一次不小的考验。在资金量有限、人手有限、经验有限的现实面前,要想在一个陌生的国度里快速融入其中,着实不易。不过,这个不到 10 个人的团队干练得叫人惊讶。

成立后的两年时间里,这个远在美国硅谷的小小机构已经投资了在硅谷的40 多个高科技创业投资项目,还参股了 9 家硅谷当地知名的风险投资母基金,在大洋彼岸的创新投资高地,为杭州"锁定"了大批的创新项目和海归人才,为杭州的产业成功转型升级提供了大量的"子弹"。

也是借助于杭州硅谷孵化器的成功投资经验，浙江赛伯乐为自己迎来了大量的这样"左手本土化，右手国际化"的合作机遇：和浙江大学国际创新研究院及浙江企业家共同创建硅谷 2.0 基金；和滨江区政府共建海外人才跟投基金；和下沙经济技术开发区在海外联合建立医疗健康产业基金；和临安青山湖科技城共建海外电子信息基金。

在此基础上，陈斌又为浙江赛伯乐启动了一项听上去颇为"高大上"的计划——海外"G10 国际化战略"。他要争取在 3 年时间内，在海外 10 个高科技中心城市，组建本土化科技创新基金。通过在海外组建的基金"锁定"优秀领军人物，再结合本土化优势，回归杭州市各科技园区或创新园区。他的原话是："从创新的源头上锁定下一个马云，让未来的阿里巴巴逃无可逃。"目前，赛伯乐在硅谷、洛杉矶、以色列等地已投资了 40 多个海外高科技创新项目，落户杭州各园区的项目达 10 多个。其中既有从事基因测序技术研发及产业化的团队"生捷科技"、谷歌团队回归创立的容器技术新项目"才云科技"，还有喷墨打印OLED 材料装备设备的研发科技企业 Kateeva 等。

聊起赛伯乐与全球国际化的知名创投机构的差距，陈斌还是谦虚地说"有很大的差距"，但一位深谙赛伯乐的杭州创投界同行却悄悄告诉我：依照陈斌这几年的国际化布局和所投项目的高质量，再过 5～10 年，其后发优势会进一步凸显出来。

赛伯乐海外重点布局：互联网、TMT、基因健康产业。

- Ekso：医疗机械智能外骨骼
- Oben：语言引擎
- Kateeva：OLED 屏幕量产喷墨印刷新技术
- Sentieon：基因排序软件
- IdentityMind：电子 DNA
- ScaleFlux：数据中心加速解决方案

- 生捷科技(Centrillion)：从事基因测序技术研发及产业化
- 才云科技(CaiCloud)：谷歌团队回归创立的容器技术项目
- 华澜微科技(SAGE)：信息安全存储

陈斌特有的局：投资之道胜在借势打势

对比 10 年前,杭州的创业创新环境早已经今非昔比。因为杭州成功举办了 G20 峰会,迎来国际化新契机,获批国家自主创新示范区、中国(杭州)跨境电子商务综合试验区等,加上杭州市正在规划建设城西科创大走廊,未来的 5～10 年里,杭州正在走上更具想象力和拥有更多成长空间的世界名城之路。这无疑给陈斌等的本土创投机构提供了一个全新的发展机遇。

当然,机遇同时伴随着更大的挑战,这有点像游戏里的"打怪",当你攻克一关,窃喜的同时却不敢大意,因为下一关往往会难上加难。

"以前那套粗放式的投资方法正在失效。拼投资生态、拼投资界资源整合能力的时候来了。"陈斌说。

陈斌觉得,当大家都认同和看好投资界,并且整个行业形成了共振时,说投资业迎来"泡沫期"虽为时过早,但整个行业的投资理念和方法确实迎来了全新的"发酵期"。

和多数投资人一样,陈斌在成长过程中也有自己的投资偶像：美国风险投资协会主席、新企业协会(New Enterprise Associates, NEA)创始合伙人迪克·克拉姆里克(Dick Kramlich)。因为他有着一双透视未来 10 年某个行业趋势的"天眼",一种他羡慕无比但却可遇不可求的投资灵感,一种他要举毕生精力追求的投资境界。

"当你拥有了这样一种能力,要做的就是播种,然后耐心地等待。越是伟大的投资越是轻松不吃力。"陈斌说,天使投资人,还要拥有一种收放自如的境界,让创业者自己做主，当他需要帮助时，又要不失时机地"搭一把手"，帮他少走一些初创者总要走上几道的那些坑坑坎坎。

十年时间里，杭城的天使投资从无到有，早已经独树一帜，在全国也颇有影响力和成就。最早的有 20 世纪 90 年代初投下唯品会的吴彬、投下海康威视的龚虹嘉等，最新的有投下快的打车的王刚等，但是杭州迄今并没有一家全国性乃至全球化的大型投资机构。如何通过政府扶持和行业自身的联合发力，在杭州打造出一家具有全球影响力的投资机构？这是留给陈斌等一代杭州本土投资机构投资人的一个艰巨任务。

"为什么非要做大不可？因为杭州创投资本需要话语权、需要影响力。未来的经济转型，创投资本的推动才是第一生产力。"陈斌喜欢把创投基金称为"创投资本"，他的逻辑是这样的：都说科技是第一生产力，但其实科技的创造者是人才，而人才只能靠创投资本去激活。

一方面，在经济转型升级的道路上，杭州对人才的渴求程度前所未有地强烈。同时，杭州后续的持续增长潜力取决于世界前沿科技和人才的储备，因此杭州市政府正以其开放、国际化的视野，不惜代价从全球"搜"人，这在陈斌的投资哲学里是当下最大的"势"。

另一方面，杭州的这些宏大目标和中国正面临的巨大的消费升级转型大机遇，让中国同时也成为大洋彼岸的硅谷华人创新者的圆梦之地，他们的回归意愿强烈。杭州的创新生态也正被越来越多地与美国硅谷相对比。这在陈斌的眼里同样是一种"势"。

"投资之道，重在顺势而为、借势打势。"这句话是陈斌在某天睡觉前冥想时的灵感，他记录了下来，"总在八卦田前坐着，当然也得懂点太极阴阳八卦之道吧……"说着，他嘿嘿笑了起来，打开手机给我看他的一段段思考笔记，大多是与太极阴阳八卦相关的投资理念。

既然正在逐渐拥有一双"天眼"，难免也心生诸多全球化的大局观。比如忍不住要将中国与美国、以色列这两大创新高地进行对比。

　　他说，美国的创新能力得益于其非常成熟的创新生态环境，尤其是机构投资者的高度垂直细分化。美国有大量的聚焦于不同投资阶段的投资机构，更有大量拥有巨额财富且对风险投资有着成熟认识的 LP。

　　如果说美国的创新生态形成受益于高度市场化的氛围，以色列则与之完全相反。以色列也是一个以创新著称的国度，但它的创新主要依赖于国家资源对处于早期孵化阶段的创新者的支持。陈斌以天使孵化器为例，以色列政府的扶持逻辑是：小而精。政府并不追求规模和数量，而更在乎质量。他认为或许以色列这样的国家政策高度集聚资源来扶持创新的模式，更适合在中国推广。

　　一组数据显示，以色列有超过 60％的天使投资资金来自政府，而在中国这一比例尚不足 20％，且布局比较分散。"中国的政府资源已经非常支持创投业，但我觉得比照以色列，还是远远不够，还可以再加大力度，让大批量的天使投资机构更具集聚效应。"陈斌总结道。

　　每天都铆足了劲游走在全球的科技创新创业前沿，陈斌没有给自己片刻停歇的机会。他喜欢游走在创业者的第一线，去感受这个世界的温度，也让自己加速成长。

　　"接触多了你会发现，无论是美国、以色列还是德国，它们在创新技术的突破领域，有着诸多的共通之处。因为它们的技术创新源头还是在高校，而往往高校的学科领军人物经常会参加国际性的学术交流会，当同样的新技术趋势在美国能看到时，在以色列也看得到。也许原理和路径不同，但呈现的技术解决方案往往殊途同归。"

　　在中国，虽然高校的理论创新和市场化应用之间的壁垒已经逐步被打破，但在真正衔接上恐怕还有很长一段路要走。靠什么去推动？陈斌说："靠创投资本！"

李治国：
身边点滴，发现未来！

李治国的花名叫"海贝"。海贝，海边的贝壳，这曾经是历史上最早使用的实物货币，海贝也代表着他今天的创业公司挖财所在行业的特性：互联网金融。曾经古老传统的金融业，跟随技术进步的步伐，衍生出互联网金融行业——一个今天看来"冰火两重天"的新兴行业。

在杭州的天使投资人中，李治国身上有着浓浓的"阿里味"，对阿里和马云，他也是带着浓厚的个人情感。为此，他也成了"前橙会"的主要发起人之一。一群阿里的前员工们，借助这个平台，还会定期聚集在一起，交流感情、寻求投资机会。但他又不一样，他既是创业者又是投资人，"创"并"投"着，李治国"一个不小心"，又投出了快的打车(后与滴滴打车合并)这样的独角兽企业。

投资案例：挖财、快的打车、蘑菇街等。

身穿橘色毛衣的李治国，现在大部分的精力还是投入在挖财上，这是一家起步于 2009 年的互联网金融公司。

挖财就像他的孩子。8 年时间，挖财已经从一个嗷嗷待哺的婴儿，出落得亭亭玉立，成长为一家千人规模的独角兽公司。

身兼创业者和天使投资人的双重身份，李治国很是健谈。身处互联网文化浓郁的阿里巴巴多年,李治国身上保留着浓浓的"阿里味",公司里喜欢用花名互相称呼,思维天马行空但背后的逻辑性非常强。

李治国

创业者李治国：从口碑到挖财

李治国曾是阿里巴巴的第 46 号员工,是口碑网创始人,两进两出阿里,现在是挖财董事长兼 CEO,同时还是全国知名的天使投资人。李治国的身上有着诸多的标签。

口碑网是李治国早年出走阿里巴巴后的第一个创业项目,这个他青春时期创业梦想的初尝试,迄今都极具生命力。

此后,无论是投资项目,还是选择做挖财深耕互联网金融,都饱含着李治国的创业情结和热情。当然,在口碑网的整个创业过程中的经验也好,走过的坑也好,都同样给了他大笔的回报——投资上的回报。

包括他决定投身挖财,再次做一名创业者,口碑网上未完成的那些创业念想,他似乎想在挖财上一一找回。

一开始挖财其实只是他众多投资项目中的一个而已。直到 2013 年,看好大众理财互联网化是大势所趋,产品经理出身的他毅然决定全职加入挖财,重新开始一轮产品经理生涯,一直到今天。

不可否认,阿里巴巴和马云对李治国的影响是不可磨灭的。阿里巴巴员工喜欢用花名的习惯在挖财被继续沿用,李治国给自己取的花名是"海贝",或许可以解读为"海边的拾贝者"。

"互联网金融",是他在茫茫互联网创业大浪潮中拾起来的一颗金贝,他对之寄予厚望且愿意投身其中。

李治国接触并扎根互联网金融领域比较早,所以他历经了互联网金融行业的快速爆发,又历经互联网金融行业纳入监管、行业洗牌的整个过程,而他一直乐此不疲。

3 年时间,他就成功帮助挖财从一款简单的记账工具升级为一款基于软件信息和大数据云计算的"老百姓的资产管家"。

2017 年,他又制定了新的公司发展战略。据透露,2017 年,挖财会基于其系统开发的技术优势,致力于大众的个人信用大数据挖掘,并基于此完成其提供智慧理财的个性化、差异化服务的使命。

"大众理财已经进入个性化深度服务时代。你要说行业洗牌,实质是又到了拼技术、服务的时候,而这恰好是阿里系创业的最大优势所在。"

造梦者李治国和他的互联网金融大梦想

李治国倡导个性化深度服务,某种程度上是在预言移动互联网付费时代即将到来。

在 2015 年呈燎原之势发展的互联网金融早已今非昔比,整个行业同质化竞争严重,问题平台带来的影响波及整个行业。

不过,从积极的角度来看,互联网金融在浙江已经催生出几家市值逾10亿元的独角兽公司,如挖财、51信用卡、微贷网等。

但即便是这些已经脱颖而出的独角兽公司,也都面临着一个共同的困境:企业的商业模式和流量如何变现。挖财也不例外。

谈及政策对互联网金融的监管及互联网金融行业的洗牌,李治国说:"我觉得将互联网金融纳入监管是好事。"

"从积极的角度去看这个行业,服务付费时代的到来是可以预期的。"李治国说,现在内容付费的兴起给了他启示,但他也没有过分乐观:"如果说付费时代是互联网金融的3.0时代,现在还处在2.0时代:深耕个性化服务时代。"

所以,李治国给2017年的挖财一个现实的战略是:从原来的拼流量回归到拼深度服务、拼技术上来。

"所谓科技金融,我的理解本质上还是金融,但科技会给金融插上翅膀,比如科技能够让金融更广泛地实现普惠大众。"李治国解释。

科技改变生活,对金融行业来说,本质是用技术改写金融业的商业模式。他看到了互联网金融对传统金融行业的冲击,同时也看到了传统金融行业的优点和技术局限,而产品经理出身的他,核心优势就是技术。2017年,李治国给他的挖财团队定下了一个务实的发展方向:以技术服务优势与传统金融企业深度融合并实现资源优势互补。

"没有谁替代谁的说法,而是深度融合。"李治国说,要于刀光剑影处看到希望。

他相信,随着技术服务的深入和信用数据的积累,挖财有一天会凭借其信用数据服务赢得市场,实现他的互联网金融之梦。

李治国对互联网金融的信心基于多方面:一是移动支付的普及和硬件环境

的支持；二是用户付费理念的转变；三是互联网金融行业被纳入监管后发展趋于理性化。他说，技术进步和行业竞争会"倒逼"用户觉醒。

或许他是对的。

投资人李治国和他的独角兽

"与其去寻找蓝海，等待风口，不如从身边着手，寻找那些生活和行业的小痛点，从点滴做起，笨鸟先飞。梦想落地了才叫梦想！"

口碑、挖财的最初创想，无不是源于生活中的点滴需求和小痛点，包括后来他投资的快的打车、蘑菇街等，无不如此。

成为天使投资人缘于他领悟到，应该运用自己的资金、创业经验和资源，帮助那些正苦苦挣扎在生死存亡线上的创业者，让他们少走弯路，一如当年的他曾经历过的。于是，2010年他开始走上了天使投资人之路。

仅阿里系离职员工就有逾万人，所以，作为天使投资人，李治国又一次赶上了一个好时代。蘑菇街就是阿里巴巴离职员工的创业项目，而投资快的打车给李治国带来了丰厚的回报。

举一反三，李治国通过投资看到了技术的力量和系统改造金融行业的可预期未来。互联网金融本身也只是工具，它会与各个行业和领域深度结合，应用范围会更加广泛，影响力会更加深入。

于是乎，他又看到了这背后更深层次的机会：互联网技术对各个传统行业的并购整合机遇。

时代在变，李治国没有止步于快的打车等天使投资项目的成功。2018年过年前，带着对这个时代和未来科技的满满好奇心，李治国又去美国各大投资公司和科技公司转了一圈"充电"，这是他除了读书和思考之外的主要"充电"途径。

估值过高、天使投资人和天使投资机构数量激增等，是当下国内外天使投资人面临的共同困境。"美国的天使机构早已经差异化发展,在拼资源、拼分析能力、拼整合能力。"

"过去的投资业绩是时代造就的,无法复制。"他反思。而且,这个时代也不缺天使投资人。他在考虑将投资策略转向更具挑战性的产业资本整合上去。

"目前这还只是一个设想,还没有付诸行动。"他又强调了一下。他觉得自己还是不够敏锐,比起马云等偶像,自己对产业整合的机会领悟得稍晚了些;况且,对他来说,这是一个全新的挑战。同时,他还是一名互联网金融领域的创业者,毕竟这是一个竞争惨烈、对手无处不在的行业,容不得半点分心。

但幸好领悟来得还不算太迟。李治国也说,着手从事产业整合,他也会围绕互联网金融领域展开,他只是在踌躇何时、以何种方式切入更妥当。

"这是一个与各行各业都息息相关的行业。很多行业都会金融化,金融也必须服务于实体行业。"在金融领域扎根越深,李治国对金融的理解也越深。他说:

"所以,我会有再通过金融进入实体行业的想法……所以,当年跳进挖财的时候,就一直在等待这一天的到来……所以……"

思路决定命运,难道不是吗?

在李治国看来,梦想落地了才叫梦想!

黄金明：
什么样的创业项目最有可能成功？

西湖景区里，华瓯创投的办公楼四面环树，环境优美。办公室里，黄金明还裱了一幅中国美院韩黎坤老师为他题的字："智圆行方"。意为：思想不要受固有规则的约束，但行事要讲原则。投资之路上，他时时刻刻以此自勉。

黄金明这样理解投资的本质："投资就是从已知去判断未来。"

对于未知的未来，他素来抱着敬畏的态度，但面对可能到来的机会时，他也是毫不犹豫地出手。所以，他看着潇洒十足，天天游山玩水，实则一直奔走在看项目的路上，从未停歇。

投资案例：泰一指尚、安恒信息、好络维医疗健康、华途软件、子默网络、PingPong、远传通信、趣编网络、川山甲供应链、邦盛科技等。

黄金明，杭州萧山人，浙江华瓯股权投资管理有限公司董事长、总裁，从事律师工作 10 年、投行及金融行业近 10 年，后转型进入创投界。

2007 年，黄金明告别国有体制，自立门户，创立了浙江华殴创业投资有限公司(简称"华瓯创投")，又是一个 10 年。10 年里，黄金明忙着看项目，很多事都习惯了亲力亲为，华瓯创投投资每一个项目前，他总要与项目实际控制人进行数次交流。

黄金明为人低调务实,说话时,语速较慢、语气笃定。他很少正式在各种媒体上发声,但会作为评委和论坛的嘉宾频繁现身各个创业大赛。他同时也是一位很好的论坛主持人,至今已连续 5 年主持浙江省科技厅和创投协会主办的金融科技论坛及项目路演。

他的生活可以说又单调又充实,不是在看项目,就是在看项目的路上。只不过,懂得忙里偷闲的他,乐于欣赏沿路风景。所以,朋友圈里的黄金明似乎总在闲适地游山玩水。

"很多项目不方便实时播报啊,只能发发风景。"问起他闲适的生活,黄金明浅浅一笑,又认真地解释了一番。兴许是江湖风云变幻看多了,黄金明言谈举止间会有那么点云淡风轻的意味,但他其实一刻也不曾离开过这个喧嚣纷繁的创业投资界。

黄金明和他的 CEO 们

在杭城的投资圈,你可以不知道黄金明是谁,不知道华瓯创投如何厉害,但却不可不知近两年来杭州为数不多的创业之星,如泰一指尚、安恒信息、好络维医疗健康、华途软件、子默网络、PingPong、远传通信、趣编网络、川山甲供应链、邦盛科技等,还有上市公司三维通信、南都电源、创业软件、合众信息、聚光科技、嘉澳环保、正元智慧等。这些明星企业的背后,都有一个共同的投资人——华瓯创投黄金明。

黄金明习惯了做早期投资,但早期投资却是最累人的。初创型公司,从资本运营到股权架构层面,投资人都承担着保姆式的重要角色,说不忙,其实是骗人。所幸的是,忙碌之余,项目的高质量和高成功率带给了他满满的成就感。

十年收获,硕果累累。聊起项目,黄金明就像在细数一个个自己的孩子,优缺点了然于心。而这么多年过去了,几乎每一个成功项目的背后,都有一个创业公司和黄金明相遇又相知、惺惺相惜的故事。

2017 年，一家叫作 PingPong 的金融公司，迅速成为杭州创业公司中的跨境支付传奇。

PingPong 的创始人叫陈宇，先后毕业于复旦大学和美国康涅狄格大学，目前带领了一支将近百人的团队，立志要成为中国跨境支付服务商。至 2017 年，PingPong 成立不过短短三年，估值已逾百亿元。在最新完成的一轮融资中，PingPong 获得了多家知名投资机构跟投。

2015 年前，黄金明在浙江省科技厅主办的一次金融项目对接会上遇见 PingPong。当时的 PingPong 还不过是一家处于初创期的公司，作为现场主持人的黄金明看完路演后，一眼相中了它。

但双方从真正接洽到最后投资成功，还是经历了诸多波折。对接会几天后，黄金明约项目方在他的办公室聊一聊，当时 PingPong 的估值约 1 亿元。在当时的阶段来看，这样的估值不算低，但黄金明觉得值，非常罕见地二话不说便决定投资。

只是几次聊完之后，双方很长时间没再联系。时隔半年，项目方再次找到黄金明，这时 PingPong 的估值已经高达 3.5 亿元了，黄金明还是没有还价，对当时还没有正式上线运营的 PingPong 一如既往地看好，他没有因为估值比原来高出近 3 倍而犹豫：3.5 亿就 3.5 亿，投！黄金明还签下了以华瓯创投领投的框架性投资协议，抓住了这只来势汹汹的"准独角兽"。后来因为斯道资本(富达国际投资有限公司(FIL)的自有资金投资机构)希望领投，考虑到富达基金的国际影响力，PingPong 实际控制人陈宇、熊伟与黄金明商议，黄金明大度地放弃了领投地位。

为什么不计成本、非投不可？黄金明说，他看中的是 PingPong 的核心算法技术、平台商业模式和巨大的市场空间，而其产品设计也刚好切中当下出口电商企业的最大痛点，国家政策也极力支持。但是，他真正看好的是 PingPong 项目背后的创始人陈宇及其优秀的创业团队。

泰一指尚大数据项目是另一个华瓯创投参与 A 轮投资的项目。黄金明成为泰一指尚的第一个投资人,严格来说,他主要看中的是其创始人江有归的能力。黄金明说他非常欣赏江有归的资源整合能力及对大数据领域商业模式的理解。黄金明还成功说服江有归将创业公司从北京迁回杭州落户,亲自设计总部公司迁回杭州的方案和公司架构。黄金明说:"投资泰一指尚前,我曾请教中科院大数据方面的资深专家,他们给出的意见也是高度一致。(大数据行业)技术门槛不高,核心是实际控制人及其团队大数据商业化运营的能力。"

2016 年 10 月,浙江富润公告,确认作价 12 亿元收购泰一指尚 100％的股权,相比泰一指尚 A 轮估值,增值了 15 倍。上市公司并购不失为资本退出的一条捷径,黄金明对泰一指尚管理层的提议非常支持,并极力促成并购。

黄金明正是凭借自己对技术和科学家品行的深刻了解,才有勇气去投资那些在创业界"未被雕琢的璞玉"——科学家。

温州人尤其敏,曾经因为分子诊断技术获得了国际基金组织比尔及梅琳达·盖茨基金会(以下简称盖茨基金会)近 1000 万美元的资助。10 年前,他依靠自有资金加上温州当地的一批民间资金,开始了他的全自动分子诊断试剂产业化之路,创办了杭州优思达生物技术有限公司。

但是创业之路总是崎岖坎坷的。到 2008 年,当这些钱被"烧光"并且融资困难的时候,尤其敏陷入了最艰难的处境。那时候只有技术没有资产的他,不可能从银行融资,当时办公大楼所在地的招商引资机构甚至下文要其搬离。最后,黄金明在考察完尤其敏破旧的公司之后,给出了首笔投资,拯救优思达于水火之中。

对此,黄金明的理由是:"这个行业的逻辑和方向都是大势所趋,加上技术本身也不错。"抛开眼前的表现,这笔投资现在想来也是应该投的。当时拿到投资的优思达即搬离了旧址,入驻滨江高新园区。之后,软银赛富、联想和盖茨基金会跟进投资优思达，这是盖茨基金会在中国区投资的首个项目。

今天，历经 10 年，分子诊断行业已经广为大众了解，优思达的发展已经渐入佳境。

无论如何，黄金明享受这样的"雪中送炭"、沙中淘金的过程。成就感伴随着参与感而来，有时难免疲惫，却又欲罢不能，他不断地挑战着自己的战略思维。

黄氏黄金投资法则

办公室里，黄金明裱了一幅中国美院韩黎坤老师为他定制的字："智圆行方"。意为：思想不要受固有规则的约束，但行事要讲原则。投资之路上，他时时刻刻以此自勉。

黄金明这样理解投资的本质："投资就是从已知去判断未来。"

黄金明

多年的投资,使黄金明形成了一套自己独有的法则,这些投资法则也成为他今天诸多成功案例的秘籍。

什么样的项目最有可能成功? 此前,黄金明曾在微信朋友圈分享了一篇关于 PMF(Product-Market Fit,产品—市场匹配)①的文章,能够较好地回答这个问题。PMF 的概念最早是由马克·安德森(Marc Andreessen)于 2007 年提出来的,马克详解了团队、产品和市场三者孰重孰轻的问题,进而得出了产品与市场匹配度对一个创业团队的重要性。

围绕着这一概念,黄金明也有一套与之相媲美的成功企业的黄金投资法则:首选行业和市场空间,其次看团队、企业发展的可持续性。

他放在第一位的,是对行业的选择和判断,这也正是他所说的大局观。在积累了多年的投资经验后,黄金明给自己定了一套明确的规矩:不去投传统行业,具体投什么行业,则看潜力和趋势。

盘点华瓯创投的投资领域,没有特定的限制,TMT、大健康、先进制造业等无不囊括,但更多的还是侧重投资高科技领域。

华途软件是一家国内领先的数据安全解决方案提供商。互联网时代,信息数据的安全是一个永恒的主题,信息数据安全行业也一直是朝阳行业。但数年前,市场对信息安全的认知度并没有这么高,布局华途,也证明了华瓯创投市场嗅觉的敏锐度。

"华途会在 2017 年大爆发。"黄金明说,当时华瓯创投投下华途时估值不过6000 万元,现在其资本增值已逾 10 倍。他的判断一方面是基于信息安全市场自身的行业机会,另一方面是基于华途软件在市场开拓方面的能力提升。一个典型的例子就是航天科工项目的成功签约,意味着华途软件已经从民用领域进入国家核心数据安全领域。

---

① 　指一家创业公司关键是尽快找到产品和市场匹配的地方,并且以此为根据来发展。

在选择行业之外，应该考虑的是团队。黄金明说，对团队的判断也有讲究，如不仅要看其目前的团队成员配置能否支撑当下公司的运营，还要看团队成员之间的互补性、团队核心成员的成长性及公司整合核心人才资源的能力，从而预测核心团队支撑公司在未来更大规模、更加复杂的环境下运营的能力。"所以，与创始人沟通时，还需要特别了解团队的构成情况，考察其对公司未来持续成长的支撑能力。"

这样朴素的投资理念，帮助黄金明抓住了不少好公司，包括杭州滨江区今天的众多明星公司。但他也坦言，错失依然难免，比如，错过了51信用卡的孙海涛。

孙海涛是一位连续创业者。在51信用卡之前，他创立过租房网、E都市网等，可谓创业经验丰富。而事实上，孙海涛在此之前的数轮创业中，黄金明都参与投资了。第一次创业没有成功，第二次他依然支持，但到了孙海涛再一次重新创业时，他却开始犹豫了。

他问自己："兴许不是行业不对，而是人的问题？"这一次，他选择了放弃。但这一次，他却判断错了。

今天的51信用卡，已经成长为一家真正的独角兽公司，估值近百亿元。孙海涛已经不再是昔日的小伙子，他结合51信用卡业务，又发起一只10亿元规模的基金，布局互联网金融的上下游，意在打造全生态圈层，为投资人描绘了一张更为宏伟的行业版图，引人瞩目。

但错失了就是错失了，在茫茫人海中寻觅投资机会，犹如大海捞针，与机遇擦肩而过不下千万次，51信用卡大概也只是其中之一而已。讲起这些过往，黄金明倒也云淡风轻，不刻意避讳，更不会扼腕叹息。又或许，有错过，才会有日后更加美丽的相遇，比如遇见PingPong。

所以，黄金明的投资第三大法则是——判断企业的可持续成长性。黄金明解释，可持续成长性的判断需要综合多个维度，包括市场空间、商业模式、团队及财务状况等。为什么选择行业重要？因为在一个对的行业里，趋势本身就会推着你走；但如果在一个错的行业里，纵使企业再辉煌，也不过是昙花一现。

黄金明的第四大法则是——看市场空间。

综合运用前三大原则筛选后，再来看这个创业项目所在行业的市场空间，对最初的行业判断标准会有更加深刻而全面的认知。

"有些企业的产品，乍一看市场的应用很窄，没有想象空间；但其实有时候，哪怕是最为简单的一点商业模式的改变，也会打开一个全新的市场，有了投资价值。"黄金明说。

聚光科技是其中一个典型的案例。它是高端分析测量仪器生产商，看上去这个领域的市场体量不大，但实际上通过商业和运营模式的变革，可以打开全新的市场空间。通过核心技术应用领域的不断拓展，从废气污染监测到水污染源的监测，从线下到线上，再到物联网领域的布局等，并从监测向治理延伸，聚光科技目前在环境在线监测行业龙头优势明显，业绩依然维持着高速增长。

山东一家泡沫塑料回收企业，同样通过商业模式上的微创新，获得了黄金明的青睐。这家公司通过冷压技术，缩小了泡沫塑料的面积，从而实现了运输、储存的便利性。将制成的塑料框条与艺术照片和字画相结合，使得低附加值的框条成为高附加值的艺术成品。"这仅仅是简单的创新，但是创造的市场效益和社会价值却是巨大的。"黄金明说。

整体来看，华瓯创投的行业布局领域涉猎较广，黄金明没有局限或拘泥于某个细节。比起一些专业化机构，黄金明更擅长在这个波涛汹涌、暗礁浮动的市场浪潮之巅搏击，寻找市场空间。

努力是一种生活方式

我问黄金明："你有没有真正思考过，你的人生理想究竟是什么？"

黄金明笑笑，答道："不清楚。"

如今黄金明已经实现了财务自由，大可不必费力做投资，可以到处游山玩水，何必要这么辛苦呢？

黄金明说："努力也是一种生活方式。"

努力是一种生活方式，这也是曾国藩极力倡导的生活方式。道光年间，曾国藩在写给诸弟的信中说："吾人只有进德、修业两事靠得住。"他又说，"百种弊病，皆从懒生"。他也是依靠着这样的人生信条，督促着自己从一个"笨"人，成长为两江总督，掌管湘军军权，还是清朝第九位封疆大臣。

曾国藩一生的建树无须多论，他也是黄金明极为佩服的一位学者。正因如此，黄金明的言谈举止间，少有投资界常见的浮躁和焦虑不安，脸上尽显平和的豁达之气，言语间有股淡淡的清雅。

谈起项目，聊起过往，得到的、抓住的，还有那些擦肩而过的、无法企及的，他都是平铺直叙，没有太多情绪上的起伏。

甚至十年投资路上，团队成员或走或留，他也是坦然以对。投资讲究缘分，缘分来了，认真接纳；缘分走了，也并不强求，甘苦自知。

但是律师出身的他，性格里其实还是深藏着爱憎分明的棱角。一旦遇到创业者存在道德上的问题，他也是善于用法律手段追责到底。

黄金明较早就看到互联网医疗的行业性机遇，于2011年年底投下了一个预约挂号网络平台。但是当预约挂号网正成气候之际，却被运营商窃取信息，最后官司是打赢了，但投资也打了水漂。中华人民共和国最高人民法院判决："侵权行为成立，但鉴于该项目是公益性质的项目，不宜停止侵权。"面对这样的判决，律师出身的黄金明很是无奈。

"创业项目对政策和政府的依赖性越强，投资失败的风险也会越高。"他总结，如果项目着实非常优秀，那至少要事先有相应的防范应对措施。

黄金明给自己的微信取名为"时间的记忆"。某种程度上看，作为投资人的他一路披荆斩棘,但其实内心应该是孤独而充实的,享受的是过程。一个创业企业的成长九死一生,过程异常艰辛,而投资人却总是扮演着那个摆渡人的角色,而且往往是最艰辛时期的那个摆渡人。

实际上,在这个过程中,投资人不仅仅要陪伴创业者,给他赋能、给他力量,同时还需要与心中那个无数次摇摆和挣扎的另一个自我做斗争:已经失败过一次、两次了,我是应该继续供应弹药,还是应该就此止损离场?

令人揪心的是,当你一万次地扪心自问的时候,没有人会给你答案,除了时间。

2016 年,罗振宇一场以时间命名的演讲座无虚席,也引发了黄金明的诸多共鸣。

罗振宇说,时间会成为商业的终极战场。未来有两种生意的价值会变得越来越大,一是帮助用户节省时间,二是帮助用户把时间浪费在美好的事情上。

时间陪伴着投资人寂寞而快乐地一步步向前走,等待收获季节的到来。而实际上,追根究底,创业投资和创业者能否成功把握住这两种有价值的时间生意,拼的还是各自的认知能力。所以,罗振宇早早地预言:抢夺认知将会变成下一个战场。所以,巴菲特说:远见和时间铸就财富。

那么,要做成功创业者的摆渡人,需要什么样的特质?黄金明说,除了那些具体的战术性技巧和经验,大局观异常重要。

有大局观的投资,会让一切困难的事情变得简单化。大局观,能让你在浩瀚的时间大海里找到行驶的方向。巴菲特说,投资的本质其实很简单,找到自己看好的一个领域,在这个领域里找到一家或几家好的公司,公司成立早期时买入,坚守到它成长为一家伟大的公司,在市场给出极高估值时卖出,再去寻找下一个看好的领域,如此反复而已。

　　对于投资的本质，黄金明理解得很是深入。但对于人性和人心，他却仍然心怀敬畏。他也时刻提醒自己，一个成功的投资人，大局观异常重要。他也总是试图在忙碌的项目寻找中品尝人生百味，并从中发现生命的意义和人生价值所在。就好像创业投资这事，就是他一辈子的事业，未曾离开，也从未想过放弃。

3 捕手的专注

陈向明：
"who"联网时代，谁与争锋？

未来的世界，会是一个生机勃勃的新世界。低调的陈向明聊起互联网，聊起未来产业的改造，眼里有光。

陈向明将办公地选在西湖区的龙井山顶。从公司会客室的窗户望出去，只见眼前山峰叠峦、山谷烟雾缭绕，景色宜人。陈向明说，投资重在心静，最忌心浮气躁，他希望在这里团队能静心思考、放开思维畅想未来，专心致志于"用投资的方式连接未来"，如此，一切皆有可能。

投资案例：数梦工场、集智股份、长川科技、长电科技、华天科技、长创科技、海利得、北纬科技、方正电机等。

从士兰微到士兰创投再到现在的银杏谷资本，从半导体产业领域跨界到天使投资再到今天致力于打造投资新经济的生态体系，陈向明将自己17年前的朴素决定归因于偶然和运气。然而17年来对早期投资的坚持，可能是一种信仰。

"你不觉得投资是一个非常让人兴奋的行业吗？投资人的人生挺精彩！"陈向明对投资的喜好毫不掩饰，这种发自内心的职业自豪感叫旁人看着，羡慕到快嫉妒的份上了。

做实业重在管理，大部分时候做的是从 1 到 10 的事。但投资不同，陈向明享受投资过程中一次次从 0 到 1 的蜕变过程。前者考验的是管理执行能力，而后者更多的是在考验思维判断能力。于他而言，思维挑战更让人兴奋。

他说，产业和投资本身并不对立，相反，正因为有产业经验背景，才更加理解产业投资。

"早期（天使）投资，本质上是我们对未来世界的思考和判断，用投资的方式来描绘。"

2014 年：布局"云"生态

工业心理学系出身的陈向明，是一个思维活跃且战略方向明晰的人。跨界学科出身让他在投资过程中倾注了诸多人文的思考，这恰好与他后来的半导体产业经历形成跨界互补。

"聪明人应该学会跨界，未来世界是给有想象力的人的。"他预言。

谈起过去的业绩，陈向明只是觉得还不错，谈不上有特别满意或者经典的案例，他认为过去不代表什么，未来才真正叫人兴奋，言语间甚是出神。而事实上，开始天使投资的最初那笔 8 亿元的资金，今天已经增值到近 40 亿元，增长了 4 倍。

2000 年，陈向明开始进入天使投资，后来以士兰微的自有资金成立士兰创投，开始了他"以投资连接未来"的新旅程。

陈向明

2013 年,陈向明在产业投资上进一步深入,引入了华立集团、华日实业、精功集团和万丰奥特等产业 GP(general partner,普通合伙人),跨界设立了连接新经济的投资平台——银杏谷资本。

银杏谷资本办公地位于杭州西湖区的龙井山顶。从公司会客室的窗户望出去,只见眼前山峰叠峦、山谷烟雾缭绕,景色宜人。陈向明说,投资重在心静,最忌心浮气躁,他希望在这里团队能静心思考、放开思维畅想未来,专心致志于"用投资的方式连接未来",如此,一切皆有可能。

2013 年,国内天使投资开始告别单打独斗,大跨步迈入机构化时代。天使投资的机构化,经过 2012—2013 年两年的酝酿和成长,2014 年变得意义非凡。这一年,天使基金中,人民币天使投资基金的规模约为美元投资的 20 倍,以压倒性的优势成为中坚力量。这一年,也被业界定义为天使投资的"机构化元年"。当然,2014 年的风险投资迎来黄金机遇期,与这一年阿里巴巴成功赴美上市,还有聚美优品、京东的纷纷上市带来的造富效应不无关系。

2014 年 9 月,当马云携着淘宝的 8 位特殊卖家敲响了纽交所的钟声,史上市值最大 IPO 的互联网公司就此诞生,这是全球资本的一件盛事,也为杭州的天使投资大发展奠定了基础。阿里巴巴的上市直接在杭城造就了近万名千万富翁,"裂变"出一大批新生代投资人。当然,上市的造富效应也让创业项目对大量的闲置社会资本形成巨大的虹吸效应。

在这个最好的年份里,陈向明也伺机而动,为他的银杏谷资本布局了至关重要的一步:与阿里巴巴、富士康深度合作,共同运营云栖小镇。这次的布局,也成为银杏谷构建云产业生态圈中最为亮眼的一笔。此后,银杏谷主要的天使项目投资,几乎都围绕着这一生态展开。

过去的十多年,马云和他的阿里巴巴一路在"马背上"疾驰、一马平川、势如破竹,但并未引起杭州产业界多少共鸣,更别提深度参与其中。但在阿里巴巴集团上市后的第二波"云"浪潮里,陈向明成功抓住了这次机会。他觉得,"云"

时代的机会才刚刚开启,互联网同政府、互联网同金融、互联网同产业等的各种合作与机遇逐渐出现,"小荷才露尖尖角"。

云栖小镇之于新兴产业的重要战略地位,从其诞生之初便已经决定了。云服务的布局,作为阿里巴巴的三大核心驱动力之一,马云为其投下 10 多亿美元。马云预言:从 IT(信息技术)时代转换到 DT(数据技术)时代,阿里巴巴意欲借助 DT 来完成全新的跨越——借助大数据云服务,从销售端深入制造业的内部供应链改造中去。

2013 年,首届阿里云开发者大会召开,全国首个云产业生态联盟即云栖小镇联盟在这里成立。第二年,时任浙江省委副书记、省长李强在考察云栖小镇时,首次提出"产业特色小镇"概念,并在 2 年时间里先后 6 次来到小镇,与创业者面对面交流。当年,云栖小镇实现涉云产值 10 亿元以上,税收 1.5 亿元,产业已经覆盖云计算、大数据、互联网金融、移动互联网等各个领域。云栖小镇对涉云产业的集聚效应增速惊人:2015 年,涉云产值近 30 亿元;2016 年,涉云产值超过 80 亿元。

看看栖息于小镇里的这些重量级企业,阿里云、富士康科技、Intel、银杏谷、数梦工场、华通、洛可可设计等,看看这里云计算、大数据、App 开发、游戏、移动互联网等相对完善的云计算产业生态,便不难理解,为什么今天的陈向明,看上去如此胸有成竹。

2016 年:开启"who"联网时代

2016 年,对天使投资来说这本不是一个好年份。"投资人"的门槛似乎越来越低,人数越来越多,而初创公司的"死亡名单"却是越排越长了。越来越多的创业者和投资人开始哀叹:原来,天使投资原本就只是少数人的游戏,只有少数人能胜利;在光鲜背后,更多的是凶险异常。

在众多的不可确信和不可预测的命运面前，天使投资更像是一场并不轻松的资本赌博。原以为处身行业最深处的陈向明也会深有同感，但他却反驳道："恰恰相反，我看到了一个巨变的未来，一个充满机会、叫人兴奋的未来。"他甚至兴奋到对孙正义的"连睡觉都觉得奢侈"感同身受。

孙正义的兴奋在于，他看到了人工智能、大数据给一切产业带来重塑性的机会；那么陈向明看到的，是一个怎样不同的新世界？

说 2016 年以来是天使投资的"坏时光"，是因为除了 O2O 死伤一大片、哀鸿遍野外，移动电商生态也渐趋稳固，形成寡头垄断局面。未来的投资机会何在？在线教育，AR（增强现实）和 VR（虚拟现实）还是人工智能、智慧医疗？抑或是共享单车？基本上，你能想到的领地，资本均已蜂拥而至，而且让价格水涨船高。

面对"粥多僧少"的局面，2016 年成为中国资本"出海"的大年。越来越多的资本剑指硅谷，试图从全球的创新高地去挖掘未来的全球独角兽。

可为什么陈向明还是说，他在一片迷雾中看到了一个"叫人兴奋的未来"？手握资本重金的他自信地说，过去的一年里，银杏谷在国内几乎是保持着一周一个项目的投资速度。

那么，他看到的又会是一个怎样令人兴奋的未来？

他说："未来是一个巨变的世界，我看到了一个全新的世界，从互联网时代进入到'who'联网时代！而在这个转变的过程中，到处都是创业和投资的机会。"

他说，这个"who"所指的，可以是半导体产业，可以是黄酒产业，也可以是传统报业或者是其他产业。因为一切皆有可能，没有边界，所以蕴藏着巨大的投资机遇。

陈向明侃侃而谈：2006—2016 年这 10 年，是互联网技术深度改造商业的过程，它改造的是基于 C 端（costomer，客户端）的粉丝经济和销售端的创业机会，但这个时代已成过去。2016年是质变的一年，互联网产业进入后半程，互联网融入生产、制造、管理、研发过程，互联网拥抱传统产业的全新时代已经开启。

"未来10年，是互联网技术重塑传统产业的过程，当我自信自己的思维有着足够的'穿透力'，看见这个巨大的变化中，资本可以大有作为，怎能不兴奋?!"

他说，经过10年的马拉松式思维渗透和技术普及，互联网的模式思维已经深入人心，现在，当传统的龙头企业开始觉醒，优秀的传统产业更注重"效率"，它们在寻找新的发展动力，它们会张开双臂拥抱互联网，拥抱互联网的技术，拥抱互联网的思维。由以往的追求产品领先，到今天注重生态领先，一场"who"联网的巨大变革已经悄然拉开了帷幕，传统产业的"春天"真的来了。

他还说，企业服务、人工智能和云计算等，机会无处不在，而作为身处其中的投资人，他希望银杏谷扮演的不仅仅是一个连接者，更是践行者和引领者的角色。

说2016年是质变的一年，不仅仅是因为阿里巴巴和马云的战略变化，更是因为传统产业对互联网理解和态度上的质变：从以前的"排斥"到主动"拥抱"。

如果说，此前的阿里巴巴一直是"带刺的玫瑰"，让传统产业觉得"扎手"，"云"时代的阿里巴巴则更加开放，更注重寻求与传统产业的共生互赢，它们开始明白，要想拥有未来，就应该与未来的经济主角——"产业龙头"们共赢共生；恰好，这一年，也成为传统产业"觉醒"的一年，"当它们敞开心扉去拥抱新技术，它们就不再代表原来的传统产业，而是代表着未来各个产业生态圈里的新主角"。

因为自信自己"在众多的不确定性中看到了那个确定性"，因为自信自己从杭州之变中窥见了"未来十年各行各业拥抱互联网、万箭齐发的盛况"，所以，面对未来，陈向明并不惶恐，而是兴奋得"连睡觉都觉得奢侈"。

但他也并不是一点也不焦虑。只是因为在一次次的预判得到现实印证的情况下，自身"连接未来"的能力也在不断得到提升，让他对未来逐渐由焦虑转变为敬畏和顺应。

令人兴奋的未来：连接，连接，连接……

资本端，综合多家产业集团上市公司资源；项目端，不仅仅围绕着普通合伙人的产业优势和产业生态链展开，而且还始终围绕着一条主线：布局云栖小镇，紧紧依托阿里云的生态圈资源。陈向明喜欢自诩为云产业的"伯乐"。

迄今为止，银杏谷资本发起的首个浙江云产业基金，围绕云产业投资了数梦工场、云徙科技、甲骨文科技、云造科技、人科数据等项目，天使投资累计金额超过 5 亿元。

"银杏谷的资本来自产业，资本的产业属性，让银杏谷具备参与未来的产业巨变中去。"

"未来十年，我们要搭建生态圈、牵手阿里、赋能创业者，做一个踏在新经济浪尖的投资人、一个追逐新经济浪花的投资人。"

在银杏谷资本 20 平方米不到的会客厅里，龙井茶的绿叶子在玻璃杯中浮起又沉下，茶香随着热腾腾的雾气云绕在周围流动的空气中。我更像是一个好学的学生，虔诚地聆听着这些激动人心的未来之音，小心翼翼地不去打扰已飘向未来的思绪。

为什么是阿里巴巴而不是腾讯、京东或者百度？陈向明说，除了地域上的邻近优势，核心在于两者的产业秉性相符。

看上去，阿里巴巴、腾讯和京东是实力相当的互联网"巨无霸"，但从电商起家的阿里巴巴，背后连接的是千万家中小企业，与产业天然有着更深的联系。靠社交和游戏起家的腾讯不具备这个背景，而京东是电商自营，与淘宝的开放平台也不一样。陈向明认为，阿里巴巴的大数据和开放生态系统，会成为传统产业拥抱互联网的"生态蓄水池"。

"选择开放后的阿里，是个巨大的宝藏。"他认为未来 10 年里，银杏谷和阿里生态的联系只会越来越紧密。

这种紧密围绕着阿里云生态的深入布局,也让银杏谷具备了跻身一线投资机构的格局和实力。在产业互联网的早期投资,银杏谷资本经常会与 IDG、红杉等国际资本有交集和碰撞。"因为我们依托阿里生态圈,所以可以在这个项目落地前就已经深入参与战略探讨,深度孵化……"

与用友软件的合作是另一个成功案例。用友原本是一家传统软件公司,2016 年与银杏谷合作设立了 2 亿元的基金,专业投资孵化云服务企业,背后的连接又是阿里云。陈向明说,阿里云和用友的生态碰撞,他从投资人的角度看到了很多五彩缤纷的火花。

陈向明还在忙着一件事:拉着阿里云产业的缔造者王坚博士,和绍兴黄酒小镇的运营方精功集团进行"思维碰撞","希望能为传统的黄酒产业共振出一个新的未来生态"。

如何赋能创业者? 数梦工场是银杏谷赋能生态圈里的投资作品。数梦工场是一家由华为、华三通信高管离职后创办的政务云服务大数据企业,同样是在企业创立之初,银杏谷就深度参与探讨商业模式和战略大计,助力其攻破政府和金融行为"头部客户",从 0 到 1。短短一年多时间,数梦工场成长为一家估值 10 亿美元的独角兽公司。

怎么才能做到"用投资连接未来"? 还有,面对不可预测的未来,怎么去寻找那些不确定性中的确定性? 陈向明说,一个真正成功的天使投资人,除了在思维上具备"穿透力"、发现未来的能力,更需要扮演一个引领者、践行者的角色,去促成未来的真正发生。

投资与投资之间的差距,本质上还是在于思维的差距。陈向明热衷于和产业高手交流,碰撞出思想的火花,也热衷于读书,几乎每本书都会认真做好读书笔记。当然,他也将大量的精力投入在和投资经理的业务交流中,保持着对市场一线的敏锐嗅觉。

他将自己维持在高强度学习的状态,不愿意给自己留下任何可能与未来"断线"的遗憾。

当然,思维上的穿透力更需要转化为实践的执行力。结合现实的云产业生态圈资源布局,真正为创业者"赋能",这是今天陈向明所理解的,银杏谷未来引以为傲的核心竞争力所在。

如何在"高手如云"的天使投资圈独树一帜?如何在阿里巴巴、腾讯等资本大鳄的"资本垄断"里活出精彩、培育出"连接未来"的独角兽来?如何在那么多的不确定里,寻找到可以确定的那个"who",做到"用投资连接未来"?陈向明努力用投资的方式,助推、促力,让大数据的溢出效应传递到各行各业。

当互联网产业和传统产业不再像以前那样剑拔弩张、互相取缔、互相敌对,当双方达成共识、形成共振、共生共长,未来的世界,会是怎样一个生机勃勃的新世界?而这又将会是怎样一个令人期待和兴奋的双赢时代?

陈晓锋：
生命科学　重点狙击

　　陈晓锋的办公室里还挂着自己画的国画，看得出来，他曾经"寄情山水"，过着优渥而相对闲适的生活。但自从转型做投资人之后，他说，已经很久没有碰"这玩意"了。时间变成了最稀缺的奢侈品，除了看项目，他还需要花大量的时间去学习新知识，因为世界变化太快了！

　　过去的数年间，陈晓锋成功投资过在线教育的项目万明教育，投资了简学科技——一个云大学在线教育平台，投下了工业 4.0 的代表企业衣邦人，也投了一些人工智能和信息安全等领域的项目。但是对于生命科学领域，他最有"感觉"。

　　从 2011 年科发资本成立迄今，陈晓锋已经亲自操刀投资了 50 多个项目，医疗领域是其聚焦的核心点。从新药研发、CAR-T 到新材料等，科发资本已经在逐渐展开生命科学领域的全生态链布局。

　　投资案例：多禧生物、美齐科技、绿仰科技、普罗亭、米福科技等。

　　做过房地产、旅游业，还做过大学老师和政府官员，陈晓锋最终选择了投资行业，创立了科发资本。

　　做投资到底好不好？如果今天再让他重新选择，他还会不会选择进入投资界？陈晓锋摇摇头又点点头，满是矛盾的情绪。

华丽转身：从房地产到投资

陈晓锋的职业历程颇为传奇。

16岁考上浙江大学机械系液压专业,25岁成为浙江大学计算机系领导之一,1992年,作为重点培养干部,陈晓锋被选派到宁波市北仑区挂职副区长……但是不安分的他,最终选择了下海创业。

20世纪90年代,在房地产行业的一波发展黄金期,陈晓锋出走创业,十多年时间里为自己积累下一笔可观的财富,基本实现了财务自由。当然,这笔财富也为他日后投身投资大潮奠定了基础。

陈晓锋

陈晓锋思维活跃,热衷于经济的宏观面研究。当他思考一个问题或者考虑投不投一家企业时,习惯于做一个从宏观到微观的全方位审视。所以,每次做决策,选择进入或者退出一个行业时,他总是有备而来,又会保持适度的冷静。

冷静促使他进入房地产行业,但多年后,同样也是冷静促使他毅然选择了及时抽离。

2008年,对房地产行业来说,的确是个多事之秋。短短数月间,房地产的调控政策不断,"利空"政策一个接着一个。5月,国家多项调控开始施行,开发商拿地的阀门再度关紧;6月,国家税务总局又公布新政:企业为个人购买房产需征个人所得税。

面对一轮轮的调控,连浙江的地产龙头绿城集团也一度因高负债而不堪重负。房地产开发商的黄金时代告一段落。也有专家判断:房地产正从"黄金时代"迈入"白银时代"。

但"黄金"也好，"白银"也好，面对整个行业的强周期性，陈晓锋在忧心之余已无心恋战。

陈晓锋感叹，房地产行业最致命的问题是受政策影响太大，很难预测。感叹之余是沉重的进退两难。

要么不退，要退就要退得彻底。这是陈晓锋果断的个性所决定的。坐在办公室的沙发上，他身体往后一仰，摊开双臂，甚是潇洒。略带沙哑的声音讲到重点处，会不由自主地提高音量，传递出一股坚定的气场。

2008 年，陈晓锋选择逐步退出房地产业，并开始尝试接触投资，至 2013 年实现彻底转型。刚开始，还是以自有资金跟投的方式"浅显"地参与，没有机构化。但个性如他，要么不做，做了就习惯性地在脑海里构建出一幅宏伟蓝图，非走专业化之路、做到极致不可。

2011 年，浙江科发资本管理有限公司(下简称"科发资本")正式注册成立。从"地产大佬"华丽转身成为"投资大佬"的陈晓锋，更是高举高打，起步就组建了一支"豪华"的法律、财务团队，重点抓风控。

做过房地产，也做过旅游业，还做过政府官员，享受过一番做投资指点江山的滋味。问他做投资好不好，他摇头说："不太好。"这是认真的吗？

聚焦生物，靠近产业

作为曾经的创业者，陈晓锋了解行业发展规律；作为一名勤勉的投资人，陈晓锋说，今后他会聚焦于生命科学领域，进一步靠近产业。

严格来说，和宗佩民、陈斌等人相比，陈晓锋属于投资界的后来者。但与其他投资人有所不同的是，从房地产行业转型而来的陈晓锋，曾经亲历过多个行业的创业，对行业的熟知度和"水性"，让他面对创业者时有着足够的资格和自信去评判。

　　大部分有所作为的投资人都会有一套独特而又非常清晰的项目寻找路径。陈晓锋的项目来自哪里？他说主要有两大块：一是浙大系，二是海归系。

　　作为杭州浙大校友会常务副会长，陈晓锋说，他对浙大系的创业项目历来都很重视。以技术为支撑，依托浙大和海归这两大关系网的创业资源，他首先就为自己的项目设立了一个高起点。

　　投资的重点领域呢？应如何选择？"房地产不会投，O2O 模式创新轻易不投，旅游业更不会投……"陈晓锋先把几个他熟悉得不能再熟悉的行业一一排除掉。

　　为何不投房地产前文已有叙述。为何不投旅游？他笑笑，他曾经开发过一个旅游项目，亲力亲为，结果对接待能力和安全隐患的考验让他每逢节假日就寝食难安。

　　"很多人会觉得国内旅游业的发展得益于法定长假日，但作为一名曾经的从业者，我可以负责任地说，国内旅游业是深受法定长假之苦。"陈晓锋说，大部分的景区为了安全起见，不得不针对国庆节等法定长假景区高峰期的游客接待量来配置管理和服务人员，因此管理成本大规模增加，导致亏损。

　　"如果能取消国庆节等长假，旅游业将迎来发展的黄金期。"陈晓锋说。

　　列出这么多不投的行业，那到底投什么？

　　生命科学。陈晓锋说，如果说在未来的几年里，科发资本会将一个领域放在首要的位置，就是生命科学。

　　过去的数年间，陈晓锋成功投资过在线教育的项目万明教育，投资了简学科技——一个云大学在线教育平台，投下了工业 4.0 的代表企业衣邦人，也投了一些人工智能和信息安全等领域的项目。但是对于生命科学领域，他最有"感觉"。

　　从 2011 年科发资本成立至今，陈晓锋已经亲自操刀投资了 50 多个项目，医疗领域是其聚焦的核心点。从新药研发、CAR-T(Chimeric Antigen Receptor T-Cell Immunotherapy,嵌合抗原受体 T 细胞免疫疗法)到新材料等,科发资本已经在逐渐展开生命科学领域的全生态链布局。

在陈晓锋看来,目前多禧生物是最具爆发力的项目之一。多禧生物由数位留美博士共同创建,致力于 ADC(Antibody Drug Conjugates,抗体药物偶联物)的研究与开发。2017 年 6 月,上市公司华海药业公告,投资 3600 万元参股多禧生物,持有 10%的股权,多禧生物在投后估值达 3.6 亿元。而一年前,科发资本在其初创期介入,投资估值还不过 1 亿多元,增值了数倍。

抗癌新药的研发周期长、风险高,一般的投资资本轻易不敢碰触。但陈晓锋看好多禧生物团队的技术研发实力和做一番事业的决心,决心放手一搏。

重要的是,多禧生物的发展不会止于此。ADC 也被认为能够更加高效和安全地治疗疾病,在未来将成为治疗疾病尤其是恶性肿瘤的重要手段。根据第三方机构预测,2024 年 ADC 全球市场规模将达到 100 亿美元。

科发资本投资了医疗领域的许多家公司。

● 美齐科技:致力于通过数字化模型为用户提供个性化定制的口腔正畸方案,已经被浙江大学医学院附属第二医院等知名机构认可。

● 绿仰科技:主要为医院提供智能输液监控系统,致力于打造智慧病区。

● 普罗亭:一家成功研发国内首台商业化质谱流式仪的公司,是科发资本在精准医疗领域的一个代表作。

● 米福科技:一家主要研究治疗抑郁症的医疗器械企业,目前具有国内唯一一款可以真正用于治疗抑郁症的三类医疗器械。

要将生命科学进行到底,陈晓锋说,在接下来的两年里会进一步扩大布局生命科学,医用新材料是他关注的重中之重。

资本,必须基于产业,才能成为有源之水。陈晓锋说,这个认识也让他更加确定投资聚焦产业的必要性。

走出国门，投资海外

科发资本立足浙江，但又不止步于浙江。

生命科学产业的投资和生态圈的打造，仅仅立足于浙江怕是远远不够的。这一点，陈晓锋心里也明白得很。所以，他又不失时机地将目光投向了世界，开启海外投资之路。

2017年11月10日，在浙江省副省长梁黎明的见证下，陈晓锋与澳大利亚莫道克大学副校长大卫·莫里森（David Morrison）签署了战略合作协议。这一合作协议对陈晓锋和科发资本来说，都是意义非凡的。

在此之前的2017年10月，陈晓锋刚刚从澳大利亚商业考察归来。他此次澳大利亚之行，基本确定了合作意向——和澳大利亚政府合作，在澳大利亚当地建造一个占地面积达5平方千米的医疗产业园区，园区投资规模高达数十亿元人民币。

"要从源头上切入，直接到海外去投资世界最顶尖的生命科学领域的创业项目。"陈晓锋说。

科发资本的国际化投资之路，从澳大利亚起步，但不会止步于澳大利亚。陈晓锋说，2017年他要同步在硅谷设立办公室，"占领全球产业的创新高地"。

"走出去"，然后还要"引进来"，在国内真正实现落地，毕竟最大的市场还是在中国。基于对国际化产业格局的深度认知，陈晓锋又不失时机地谋划着，要在杭州同步设立一个基于生命产业生态链建设的"国际生物医疗研究院"。

国际化的技术和中国巨大的市场，两者实现了完美无缝对接，资本与产业的节奏高度吻合。或许这一布局完成后，他改写的会是中国的对外贸易模式。

"传统的'引进来''走出去'都将成为过去；全新的外贸经济模式被重新定

义;技术＋科技的重要性凸显,外贸经济不再是商品的贸易,技术交流和创新成果转化成为主流……"

这将会是一个怎样宏大的叙事框架? 对于未来的投资,陈晓锋更愿意将目光投向那些引起重大革命性成果的科研项目成果转化上。若果真如此,那么,创业投资就不再仅仅是赚钱;资本沾上灵性,会成为一把改变世界的飞刀。

强国时代,复兴中华"老字号"

最民族的,也是最国际的。

将思绪从全球化的宏伟蓝图中稍稍收回来,陈晓锋又发现了另一个"投资洼地"——以茅台为龙头,中国民族品牌正在焕发全新的生机。

聚焦于大国崛起和民族品牌的复兴,陈晓锋和华睿投资的宗佩民不约而同地看到了另外一个不错且值得期待的投资新世界:中国老字号品牌的复兴。

宗佩民是杭州创投界较早发现民族品牌商机的投资人之一。早在十多年前,他就留意着"胡庆余堂"等老字号中医药品牌的投资价值,提早布局。宗佩民预言,中国的投资正在迎来"强国时代"。

强国时代下,必强科技、强文化。强文化的代表是什么? 宗佩民认为,强文化意味着文化自信的一步步建立,在强文化逻辑下,文化创业的核心也必将从低级趣味转向高级趣味、转向对中国传统文化精华的传承上。

"大国崛起、民族品牌的复兴背后,是中国文化被世界认同。当中国从单纯的商品输出升级为文化文明的输出,我们可以判定:未来五到十年里,曾经被遗忘的那些中国老字号品牌,会逐渐为世人所熟知;而那些曾经被视为'老土'的产品,也将逐渐成为'新的时髦'。"陈晓锋说。

实际上,老字号品牌正是"工匠精神"的集大成者。陈晓锋走访了大部分杭州知名老字号品牌,从"五芳斋""王星记"到"张小泉"等,寻找让各个行业老字号品牌焕发新生的"玄机"。

"大机会来了!"陈晓锋预言,过去几年里,O2O因为倒闭潮,商业模式被质疑,但现在O2O的机会反而来了。用互联网技术改造、重新设计的工匠品牌,包括国产烟酒、医药等老字号品牌,今后会迎来新一波上市高峰。

基于这些认识,陈晓锋毅然从零开始,投资创建了"世瀚百年"App,这是一个基于全国老字号品牌销售的O2O平台,首期天使轮融资1000多万元。公司在北京、上海两地同步运营,誓要在老字号里做出点"大名堂"来。

"老字号品牌里,重大的机会正在酝酿。这是一个可以改变传统商业生态的事情。"看到了机会的陈晓锋,自然也是不惜代价地投入。

一手老字号,一手国际化,资本联动产业。陈晓锋满眼尽是时代性的机遇,忙得无暇分身。

资本的赋能者

回到那个最初的问题:做投资到底好不好?

大部分投资人身上都有一个鲜明的特点:思维敏捷,具有较高的知名度,会议特别多,背后集聚了一批产业资本创始人的支持,当然,还有目光长远且目标宏大——没有一个伟大的梦想支撑,哪会有大浪滔滔、波澜壮阔的激情?

"不然怎么可能坚持得下去!"一位投资老总感叹道。事实上,投资人的工作并不是看上去的那么光鲜和美妙。一边是LP的信任,有千钧重;一边是创业者渴求的目光,嗷嗷待哺。每一笔投资都带来无尽的想象,但有一点非常肯定:一旦创业项目失败,逐利的资金未能实现收益,一定会"压力山大"。

问到为什么毅然从房地产行业转型,投身到投资大军中来,陈晓锋笑着说:"这真的是个大坑!"

自从做了投资,几乎没有什么空闲时间,连曾经最爱的国画"消遣",也被搁置许久了。陈晓锋的大部分时间都花在了开会和看项目上,余下不多的时间也用来学习了,毕竟这是个快速更替的新兴行业。

说起"这是个坑"的时候,陈晓锋言辞恳切,不像是玩笑话,但是聊起他正在准备运作的多个项目,他又激情昂扬,此前的阴霾情绪一扫而光。

因为自己就是科发资本的最大 LP,陈晓锋在维护 LP 关系时,可以底气十足地说:"有什么不放心的? 我投入的钱比你的还多。"但是对陈晓锋个人而言,说这句话时,自信背后也是满身压力。

天使投资从没有"保底"或者是"一定赚钱"的事,风险越大,投入的精力越多,精神上的压力也越大。

所幸的是,迄今为止,陈晓锋投下的项目还保持着"零死亡率",科发资本旗下基金成立以来,平均年化收益率超过 50％。

如果再重来一次呢? 还做不做投资?

陈晓锋迟疑了一下,既摇头又点头。世界上从来就不会有重来的机会,他已经"停不下来了"。令他意外的是,大学毕业的儿子竟也对投资流露出了浓厚的兴趣,对此他是既喜又忧。

投资人是一种怎样的体验? 这个身份的背后到底还藏着一些怎样的玄机和奥妙,让人又爱又恨却欲罢不能,让后来者前赴后继、乐此不疲?

投资,是一个离创新最近的行业,同时又是一个离资本和名利场最近的行业。资本本身没有好恶属性,只是当资本赋能创业者,它就能创造奇迹、改变世界。投资人,就是这个赋能者。

和资本打交道多了,陈晓锋对投资、对资本的定义以及对如何引导资本"向善"有了深刻的理解。如此,他和资本的相处之道也变得越来越"和谐"。如果说中间曾经有过一些磨合的痛苦,也曾预感到未来仍然会有诸多挑战,但今天的他,对未来更加淡定从容。

成为一名赋能者,对投资人自身的能力和资源整合能力提出了巨大的挑战,但同时赋能也带来了巨大的成就感。他们是在觥筹交错和欢声笑语中,在运筹帷幄和纵横驰骋间,赋能创业者,"辅佐"他们成长为参天大树,去改造这个未知的世界。

陈晓锋说,作为投资人,一直坚持下去,在这个过程中,自己投资项目的逻辑逐渐清晰,行业洞察力也不断提升,被投资拉紧了发条的日子过得忙碌又非常充实。通过投资,他可以每天和活跃在科技与创业最前沿的年轻创始人聊天、沟通,发现这个世界的闪光点。

这样看来,做一名投资人,总体还是好的。

王　涌：
我为何如此坚定地看好大安全投资？

> 赛道还是选手？这是从事投资行业以来，王涌给自己出的一道选择题。他说，做好了这道选择题，所有投资的问题都能迎刃而解。
>
> 近几年间里，如山创投在信息安全领域的布局可圈可点，几乎涵盖了大大小小各个细分领域，这些企业或是护航乌镇互联网大会、保障 G20 峰会，或为蚂蚁金服提供技术支撑……
>
> 紧接着，王涌又带着如山创投"狙击"智能汽车领域，王涌称之为"新汽车"产业。
>
> 有着浓厚的产业背景的如山创投和王涌，投资风格中也同样带着独有的对实体行业的情怀，尤其注重创业者和创业项目背后的"技术含量"。
>
> 投资案例：远望信息、上海有云、威客安全、兰云科技、微步在线、西安四叶草、东巽科技、海鑫科金、MX 科技、大道云行、EasyStack（易捷思达）、赫千电子、美创科技、创谐信息等。

对擅长产业投资和资本运营的王涌来说，创业投资是个奇妙的新世界，他决定试一试，于是就有了后来的如山创业投资有限公司（下简称"如山创投"）的故事。

王涌任盾安集团副总裁，分管资本运营。在创立如山资本从事创业投资之前，他曾任盾安集团民爆产业的董事长，曾负责盾安环境（股票代码 002011）的上市,还一手促成了江南化工(股票代码002226)的反向收购,投融资经验丰富。

2007年,如山创投注册成立,王涌出任董事长。自投身创投行业以来,王涌除了着重把握如山创投的战略方向,也热衷于社会活动,积极为创投行业的政策奔走呼吁,希望为这个朝阳产业再争取到更好的生长土壤。对投资和产业趋势研判也是,他的目光聚焦处,更加宏观、更加具有战略性和前瞻性,不纠结于细节。

细节,他大多时候是留给了他的投资团队去决定。

布局信息安全领域

2017年11月,如山创投又投下一家互联网信息安全领域的细分领军企业——创谐信息,这是一家成立于2011年的软件和信息技术服务企业。

在两年多时间里,王涌和他的团队将信息安全投资进行到底,一直没有变过。到今天,如山创投在信息安全领域的布局几乎囊括了每一个"死角":内网安全、云安全、安全产业互联网、APT(高级可持续性威胁)防御、漏洞检测、大数据安全、威胁情报、态势感知、数据安全等。

也是在这两年里,如山创投投下的信息安

王　涌

全企业,或护航乌镇互联网大会、保障G20峰会,或为蚂蚁金服提供技术支撑……如山创投布局的信息安全生态链,正让其成为信息安全领域一股不小的力量。

"同一个细分领域,我们从来不会同时投资两家公司,只会优选一家布局。"

王涌说。近三年的坚守，如山创投不知不觉已经在信息安全领域越走越远。

如山创投最早关注信息安全领域，始于 2010 年年底。但真正大规模投资，是在 2015 年 3 月后。2016 年，"资本寒冬"的论调不绝于耳，但如山创投一如既往地在信息安全领域深耕，又投下了兰云科技、微步在线、美创科技等系列信息安全项目。

谈及最近在信息安全领域慢慢放缓了投资步伐的迹象，王涌说："是有一些，不是不看好，而是通过深度布局，信息安全领域可以投的领域越来越少了。"

为什么会这么坚定地看好信息安全领域？其实早在 2013 年"斯诺登事件"之后，网络时代信息安全的重要性就日益凸显。对宏观政策和产业趋势极度敏感的王涌，此时便已经嗅到了信息安全产业变革时代的来临。

从 2013 年开始，国家有关信息安全的政策也在不断加码：2013 年成立了国家安全委员会；2014 年成立了中共中央网络安全和信息化领导小组办公室；2015 年 7 月，第十二届全国人大常委会第十五次会议表决通过了新的国家安全法。信息安全管理上升为"国家战略"，详见下表。

国家网络安全政策行动一览

时　间	事　件	意　义
2013 年 11 月	国家安全委员会成立	完善国家安全体制和国家安全战略，确保国家安全
2014 年 2 月	中共中央网络安全和信息化领导小组办公室成立	在中央层面设立强有力、更权威的机构，体现出中国最高层全面深化改革、保障信息安全、维护国家利益、推动信息化发展的决心
2016 年 4 月	召开网络安全和信息化工作座谈会	强调网络安全和信息化相辅相成的关系。安全是发展的前提，发展是安全的保障，安全和发展要同步推进
2016 年 7 月	关键信息基础设施网络安全检查工作启动	首次检查除党政军系统之外的重要行业市场

资料来源：《2015 年我国信息安全重要性被提升到前所未有的高度》，中国产业信息网，http://www.chyxx.com/industry/201512/373041.html。

"庞大的信息产业基础设施,缺乏信息安全保障,面临攻击将如此脆弱和不堪一击,只要利益驱动,数据泄密和攻击便会无处不在,这是事关行业乃至国家安全的大事件。"王涌分析道。

王涌的判断是基于对产业趋势的前瞻性研究。据其分析,我国目前信息安全市场规模有近千亿元,不算很大,但随着信息化程度的快速提升,物联网、云计算、大数据和人工智能时代的到来,中国信息安全市场规模必将突破万亿元,迎来数十年的长周期增长。而且,与美国等发达国家相比,中国信息化发展较晚,信息安全建设投入相对缺乏,短期内,整个国内的信息安全建设和防护将出现爆发式的增长。

王涌重点布局信息安全,与此同时,在大安全领域有意识地制造生态协同效应。尽管基金规模并不算特别大,但王涌意欲带领如山创投闯荡一番,造就一只具有自主思考能力和全球化战略视野的本土创投基金。

当然,如山创投对整个产业动向的敏锐度和对产业方向的坚定性,既源于团队自身,也是由其与生俱来的"基因"决定的——如山创投脱胎于盾安集团,这是一家国内先进制造企业集团。尽管如山创投投资的领域独立于盾安集团自有业务,但其背后的产业资本秉性还是留下了深深的烙印。

赛道还是选手?

如山创投的投资团队比较稳定,投资理念一脉相承。王涌说,这是他管理如山创投以来最引以为傲的一点。从另一个角度来看,在如山创投做投资也是一件比较幸福的事情,因为投资领域、投资方向和投资理念相当明确。基本上,一名投资人员的成长之路上,最主要的工作就是不断地寻找,直到找到具备广阔发展前景的细分领域内最强的创业者团队(当然,投后管退工作也是重要的一块)。

怎么找团队？王涌总结出了"五好"的理念：好行业、好团队、好技术、好运营和好模式。关于这"五好"，王涌不是随便说说的，他还为它们排出了严格的先后次序。

为什么好模式会排在最后？王涌解释，商业模式固然重要，但一个创业团队在寻找到好的商业模式之前，首先决定其成败的却是"赛道"。

"迈入好的行业，犹如顺水推舟；选择了夕阳产业则如逆水行舟，成功的概率自然要小了许多。"

所以，投资到底是优选"赛道"还是"选手"？如山创投有着自己坚定不移的答案：当然是赛道！

正是因为遵循这一理念，在杭州本土成长起来的如山创投，即便是身处杭州这个诞生了阿里巴巴的电子商务之都，即便是在 2014－2015 年 O2O 商业模式盛行之际，也始终没有踏入 O2O 这个"坑"。

聊起投资热潮，O2O 是个不得不提的"梗"。很不严谨地类比起来，其在 2015 年的热度及资本对其追逐之疯狂程度，一点也不亚于 2017 年的共享单车。所谓 O2O，即强调互联网(online)与实体经济(offline)的融合，这一模式本身没有错，但被疯狂的资本泡沫化后，问题就越来越多了。

O2O 市场到底有多么疯狂？据当时的研究报告分析，O2O 的市场容量高达万亿元规模，而 TalkingData(北京腾云天下科技有限公司)发布的报告显示，2015 年，仅在上门 O2O 领域，资本市场就投入了近 300 亿元。甚至有不少人将 2015 年上半年的这波 O2O 热潮定义为互联网的第四次创业大潮来临的起点。

但资本的疯狂未能掩盖现实的残酷。从 2015 年下半年开始，O2O 行业遭遇一阵空前猛烈的倒闭潮，长长的 O2O"死亡名单"为原本火热的 O2O 行业蒙上了一层阴影，也触发了 2016 年业界所谓的"资本寒冬"的到来。

据腾讯科技的不完全统计，2015 年以来关闭的餐饮外卖项目多达 20 余个，包括雷军旗下顺为资本投资的烧饭饭、叫个外卖、呆鹅早餐等；近 10 个社区

O2O 项目宣布倒闭。

2016 年,面对一波波的倒闭潮,狂热的资本这才幡然醒悟,并开始反思 O2O 存在着的模式"硬伤":盈利模式不清晰、运营成本过高、"烧钱"过猛、投资断档等。经纬创始人张颖抛出的"资本寒冬"论也逐渐成为行业内的主流基调,越来越多高傲的创业者开始放低了身段,为了"储备过冬的粮食"。

看着资本的风云变幻,看着 O2O 与信息安全"冰火两重天"的局面,如山创投总监徐晓威显得很淡定。他庆幸自己一直聚焦在信息安全等价值创新明确的领域,没有卷入这场 O2O 的漩涡里去。

为什么选择了信息安全布局,而非 O2O?

徐晓威说:"因为用我们的逻辑去看,很多 O2O 商业模式类的项目,对行业、对市场、对用户其实并没有突破性的价值,没有对外部贡献价值,不管什么样的项目,都不会有真正的投资价值。如果没有真正的投资价值,怎敢去投?"

毕业后在如山创投 6 年,找了 6 年项目,近几年主要围绕着信息安全和人工智能展开,徐晓威觉得自己过得非常充实。在被称为"资本寒冬"的 2016 年,不少同行们苦苦挣扎在无项目可投的困惑中,他却和团队投下了十多个项目。时不我待、心无杂念,他庆幸自己的坚守。

在王涌看来,选好了赛道,接下来的重点就是挑"选手"了。什么样的选手堪当大任? 王涌给出了一个词:精英创业。对于 90 后的小鲜肉,他不是不爱,而是没有把握,没有把握就不会轻易去碰。他所说的精英主要是来自 BAT、华为、IBM 以及海外高层次人才创业类项目,如山创投会重点去关注。近乎苛刻的筛选标准是,仅仅是这些大企业出身还不够,还必须是拥有丰富经验的成熟高管出来创业。

为什么更喜欢高管? 王涌说,因为创业者选好了赛道后,最难的是团队管理。很多创业公司之所以会失败,不是败在行业和领域或者技术,而往往是管理出了问题。创业者是技术型天才并不一定意味着创业能成功,但有过领队经验的技术主管,其创业成功的概率要高出许多。

除了赛道、选手，剩下的就是投资时机了。应该怎么选择时机？王涌说：逆周期。当市场大热的时候，投资者反而需要冷静下来，布局应当提前，悄然潜伏，然后静待风起云涌时。

无论是寻找信息安全领域还是医疗、人工智能等其他领域的项目，王涌和他的团队都遵循着非常一致的逻辑：赛道、选手和时机，三者缺一不可。

不得不说的人工智能

下一站，人工智能（AI）。

眼看着大安全领域的垂直细分领域布局已基本完成，人工智能是另一个如山创投不愿意错过的风口，王涌称之为"大智能产业"。

《彭博商业周刊》曾把 2015 年标注为人工智能发展的元年，直接原因是，这一年中，计算智能、感知智能、认知智能的发展都有了明显的提升。如果一定要用季节来描述人工智能，那么 2015 年是 AI 之春；2017 年则是 AI 的爆发之年。AI 的爆发一方面受益于其自身技术和产业生态链的逐渐成熟，市场应用前景日趋明朗化，另一方面很大一个促因在于阿尔法狗（AlphaGo）的"人机大战"。

如山创投在 2015 年开始大范围布局信息安全的同时，没有错过人工智能传递出来的春的气息，早已悄然布局。其中，图灵机器人堪称经典：图灵机器人在成立短短半年后由奥飞动漫跟进，当前估值已增长近 10 倍。

2017 年，图灵机器人发布了儿童教育方案，开始了数据与技术积累的应用产品化之路。据报道，图灵机器人的合作伙伴和开发者已经逾 60 万人，庞大的数据库正为其后续发力背书。

王涌说，2015 年选择图灵机器人时，就是综合考虑了人工智能的行业机遇和图灵 CEO 俞志晨的专业背景，即离不开"赛道"和"选手"条件的充分满足。俞志晨，是一位看着"憨实"的年轻人，难能可贵之处在于足够专注。俞志晨毕业于北京交通大学应用数学系,后师承知名人工智能专家贺仲雄教授。2010年,他创建北京光年无限,在移动互联网兴起的浪潮中推出虫洞语音助手。2014 年年底,公司发布图灵机器人开放平台,提供中文语义分析、对话和问答技术服务,一年后,又推出全球首个人工智能机器人操作系统 Turing OS。

图灵集聚了成功创业公司的各方面有利因素,成功或许在意料之中,但爆发得如此之快,却远超王涌的想象。某种程度上看,图灵的爆发也预示着 AI 整个行业的大机遇的到来。

从 2016 年开始,如山创投开始在人工智能领域加码,并看到了大智慧产业领域底层硬件层面的投资价值所在。“人工智能领域,包括个性化语音合成、加速计算、手势识别、人脸识别等,各个领域我们都在关注和布局。”王涌透露。

2016 年,如山创投投资了一家团队来自硅谷的人工智能初创公司 ObEN。这家公司成立于 2014 年,主要通过构建个性化的虚拟声音、形象和个性来创造用户的人工智能虚拟形象,并帮助用户在新兴的数字世界中存储、管理、运营他们的虚拟形象。2017 年 7 月,这家公司获腾讯、软银等总共数千万美元投资。

同时,从 2016 年开始,如山创投也在关注智能汽车领域,包括汽车的智能化、电动化和轻量化等垂直细分领域,王涌称之为“新汽车”产业。

AI 的未来历史性机遇,没有人去质疑。据 BBC 预测,到 2020 年,全球人工智能产业规模约为 1190 亿元人民币。据艾瑞咨询预测,到 2018 年,中国商业智能服务整体规模将达到 247 亿元。创业者们在看到泡沫的同时,仍然无法抗拒 AI 的巨大产业诱惑。但看到趋势不难,真正考验投资人的却是:在 Facebook、亚马逊及国内的 BAT 巨头都在布局 AI 的情况下,本土风投机构如何在这场没有门槛和领域限制、资本密集型的世纪级大较量中成功“智取”,获得先机。

但王涌觉得这不是问题,因为大智能产业本身足够大,AI 技术本身是基于对包括医疗、教育等各个行业的技术改造,巨头们无法一家“通吃”,垂直细分领域的布局完全各凭本事,不论资本大小。

"在投资和布局人工智能领域，我们的愿景就是让世界充满思考力，让生产和生活更便利。"王涌说。他现场画了一张人工智能的生态系统图，代表着他对整个人工智能产业的深度理解，这也决定了未来五年里如山创投在人工智能领域的布局方向。

他解释，在人工智能上，算法等软件技术的布局固然重要，但是从人工智能产业的整个发展历程和逻辑来思考，核心硬件作为底层技术，更加不可或缺。"没有武器，哪来的战斗胜利可言？中国制造理应在人工智能的底层架构——硬件领域做更多的布局。如芯片、传感等核心技术的突破。"王涌说。

当然，核心硬件的技术突破门槛更高、更加重资产。他深刻明白这一点，在硬件上，深圳等地更具产业优势，杭州的发展还远远不够，"但智能时代已经来临，如山一直在思考"。他强调完后，又对身边参与讨论的团队再强调了一遍。

他说，未来三至五年，如山创投将重点把握三个风口：转型升级风口、科技趋势风口（如物联网、新能源、精准医疗等）和科研转化风口（国外典型转化成果如人工智能、VR 和 AR 等）。这句话也写入了如山创投的"十三五"规划。

如山创投在大安全领域投资的部分经典项目

远望信息：公安领域最大的信息安全管理平台及监管类系列产品提供商。

上海有云：国内独家云安全和安全云综合厂商，国内首个云安全 PAAS 平台。

威客安全：中国最大的信息安全产品互联网平台。

兰云科技：国内顶级的大数据安全团队。

微步在线：国内威胁情报创业公司第一品牌。

西安四叶草：漏洞发现速度和能力最强的分布式平台。

东巽科技：国内 APT（Advanced Persistent Treat，高持续性威胁）防御的一线品牌。

海鑫科金：国内公安生物识别领域的市场龙头企业。

MX 科技：国内极少的民营高端靶机(无人机的一种)提供商。

大道云行：国内技术实力一线的超融合存储技术提供商。

EasyStack(易捷思达)：技术和市场双领先的开源云计算创业品牌。

赫千电子：国内一流的车载以太网及系列以太网传感器团队。

美创科技：国内前列的数据安全及大数据技术提供商。

创谐信息：国内公安领域一线的接入安全技术方案提供商。

陈　岚：
科技金融里的"一花一世界"

陈岚说，"唯科技与文创不可辜负"。所以，她取法美国硅谷银行，专注在科技和文创两大领域内"精耕细作"，充分凸显出她所"主刀"的杭州银行科技文创事业部的魅力和特色。因为行业进入得早，特色鲜明，陈岚"一不小心"站在了金融业革新的"风口"上。

当然，作为对创新者的奖励，她也收获不菲——不仅仅是直接的经济上的投资收益，更是身处金融业创新变革的浪潮之巅，亲历并见证了杭州科技文创企业从小到大的快速发展崛起。

如今的陈岚，已经北上接任杭州银行北京支行行长，踏上了另一段陌生又熟悉的变革新征程。有时候，我们会害怕变化，但更多的时候，当你"戴上了眺望远方的望远镜"，你的视野变得如此宽广，迎接变化自然就是水到渠成的事了！

代表案例：贝达药业、《人民的名义》《鸡毛飞上天》《建军大业》等。

长发披肩、小香风的职业装，乍一看陈岚更像是文艺片里温婉典雅的女主角。可实际上天蝎座的陈岚，喜欢的却是日本著名推理小说家东野圭吾的小说，喜欢到几乎出一部追一部，无一落下。

金融业是个强逻辑、高风险行业，陈岚从一毕业就身处其中，转眼已经20年。如果用一条曲线来描述陈岚的职业生涯，那会是一条完美的对数螺线，自然又和谐。

我问陈岚:"你对自己的职业生涯满意吗? 现在的路径,是你从一开始就为自己规划好的吗?"

陈岚直言不讳:"我有设想过,但实际上比我自己设想的要精彩。"

我又问:"到了今天,已经成长为科技文创金融事业部总经理,业务离投资本身又那么近,可曾想过转行业甚至自己创业当老板?"

陈岚笑笑:"诱惑难免。可是至少在今后的很长一段时间里,我还能感受到自己的不断成长,只要感受到自己的成长,我就会倍加珍惜,不轻言放弃。"

陈　岚

"突然"任命

2009 年是个特殊的年份。国际金融风暴刚过,国内经济遭遇到的最大冲击是外需市场的瞬间冰冻。作为外贸出口大省的浙江自然也受到波及,出口企业遭遇一轮倒闭潮,银行不良贷款率抬头。对于经济增长如何实现增速换挡的重要问题,此时也开始被人们越来越深刻地认识。

2009 年,国家 4 万亿元刺激政策的出台给了企业发展一定的空间,也给了金融机构创新一定的空间。于是,金融如何创新破题科技中小企业贷款难问题,首先被提上了日程。

杭州市委、市政府适时提出了关于科技金融的政策指引,要打开金融业的另一扇窗户,让科技、金融珠联璧合,杭州银行积极响应,提出了筹建一个全新的特色支行——科技支行的计划。

2009 年,时任江城支行副行长的陈岚,正踌躇满志地与同仁们描绘着支行新一轮的发展蓝图,却突然被总行领导紧急召去面谈。面谈中她才知道:要任命她为筹建中的杭州银行科技支行行长。

一边是已经驾轻就熟的传统金融业务,一边是全新的毫无经验、还是一张白纸的科技金融创新重担。陈岚说,得知要就任新岗位时,谈不上欣喜,而是觉得内心忐忑。今天看来,这样的金融创新再自然和正确不过,但当时一切都还只是“摸着石头过河”,充满了不确定性。

2009 年是一个怎样的年份? 确切来说,这一年距离李克强总理的“大众创业、万众创新”的号召发出还有 5 年时间;这一年,尽管在 4 万亿元政策的刺激下,一些原本要倒下的中小传统制造企业,躺在政策的“温床”上,又找到了喘息的机会,失去了变革的动力;这一年,房地产投资大行其道,“炒房炒楼炒煤”的资本继续风靡全国;也是在这一年,尽管在股权分置改革下,A 股渐渐迎来全流通时代,创投业兴起,但对金融业而言,要真正将目光从大型国企转移到初创型科技企业,还是受到诸多体制机制的限制。

能不能在短期内成功地快速切换工作频道,陈岚自己也没有把握。但在接到任命后的 1 个月后,科技支行即如期开业。开业典礼放在滨江区龙禧大酒店举行,由时任杭州市委副书记、市长蔡奇与浙江银监局副局长袁亚敏共同为科技支行揭牌。蔡奇还亲自为科技支行题词:“努力办成杭州的硅谷银行”。今天,这幅字还挂在陈岚办公室里。

"偷师"硅谷

"基本上是一个创业型的团队,20 个人,平均年龄不到 28 岁。白天跑业务,晚上坐下来复盘,写尽调报告,分析、总结经验。"对于那些"初创期"的岁月,陈岚记忆犹新,团队辛苦之余满怀着对未来的憧憬和希望,斗志昂扬。

科技银行应该怎么办? 如何针对初创企业设计标准化的贷款产品? 如何在承担前期贷款风险的同时,也能同步从这些企业的快速成长中分取一杯羹? 基本上,国内没有什么现成的模式可以照搬。带着这些问题,2009 年 10 月,陈岚随队杭州市领导走进美国硅谷银行,这次考察为她日后构建科技支行运营模式带来了很大的启发。

美国硅谷银行成立于 1983 年,成立之初注册资本仅 500 万美元,到 2009 年,其集团总资产已高达 128.4 亿美元,在全球拥有超过 1 万家客户,今天,硅谷银行与超过 2 万家机构有合作。

"初到硅谷银行,你会有难以置信的感觉:原来,为硅谷输血的,培育出了像思科、艺电、维尔在内的一批知名的科技企业的'金融大鳄',就是这幢掩藏在绿树丛中的两层白色小楼。没有营业柜台,也看不到熙熙攘攘办理存取款的客户。"

但陈岚此行的考察受益匪浅。回来后,还专门写了一篇《他山之石,可以攻玉》的考察报告,记录此行的收获和经验启示。

她说,硅谷银行对科技企业的"专业和专注"给了她很大的启发。基本上,硅谷银行成立以来专注于四个领域从未改变过,即生命科学、电子信息技术、创投机构和高端红酒,"非这四个领域不做"。专注的结果是,硅谷银行深刻地掌握着这些行业的生命周期,同时硅谷银行还推出"期权"制度,"像风投机构那样做贷款"。

硅谷归来后，陈岚即给自己定下了"非科技中小企业不做"的铁律。在这几年间，哪怕是房地产行业最热火朝天的时候，她依然专注不动摇，为客户提供全方位服务。

直到 2013 年，科技支行在原来"科技"的基础上，又响应政策号召，新增"文创"板块，其专注的领域拓展为：科技＋文创。具体分为四大领域：生物医药、企业服务（包括云计算和大数据）、工业智能和娱乐传媒（见下图）。

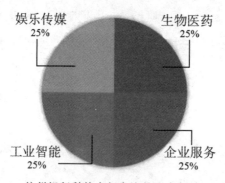

杭州银行科技支行专注的四大领域

专注，说起来容易，真正做到取舍却很难。陈岚深谙其中的道理。所以，科技支行一步步扎实推进，创新产品、投贷联动等新业务也是一点点试验、总结、再修正、再推进，确保将银行业最擅长的风控业务做到极致。

除了专注的力量，硅谷银行自建的一套独特的风控体系和其善借风投机构等外力的创新，也让她印象深刻。

今天，杭州银行科技文创金融事业部赖以生存的创新业务，包括成熟的投贷联动机制，围绕科技企业的成长周期设计创新的"成长可贷"系列产品等，其最初的依据和灵感均来自硅谷银行。

科技支行的实践经验也证明了科技企业的"轻资产"对金融机构而言并没有看上去那么可怕，相反，掌握其生命周期规律后，科技金融服务能驾轻就熟，而且，科技企业比传统制造企业更容易做好风控，同时让金融机构分享其高成长收益。

过去的 8 年中,科技文创金融事业部累计发放贷款 1200 亿元,享受贷款扶持的科技文创类中小企业有 3000 余户,其中约 1300 户为首次获得银行贷款。目前,科技文创金融事业部保持户均贷款 800 万元,真正做到了服务科技中小企业。在业务良性发展的同时,其风险也得到极好的控制,2016 年不良贷款率仅为 0.36％,远低于银行业平均水平。

"加码"文创板块

2013 年,科技支行又响应杭州市政府的号召,再建了一个新板块:文创,聚焦影视、动漫、游戏、体育、艺术品等文化创意产业。2016 年 2 月,杭州银行成立了科技文创金融事业部,陈岚出任总经理。

陈岚为科技文创金融事业部创作了一句颇为文艺的口号:"唯科技与文创不可辜负"。

为什么要增加文创版块? 陈岚说,钱塘自古繁华,更何况,继往开来,经过近十年的积淀,杭州的文化产业已经不容小觑,如打造动漫产业之都,鼓励各种互联网文化娱乐产业的发展;杭州更是被誉为"全国文化创意天堂",正处在文创产业高速发展的黄金时期。

"随着文化市场的快速转型和急剧扩展,文化产业的生产经营方式不断发生变化,催生出了新的融资需求。"她说,科技文创金融事业部的成立正是基于这样的土壤以及产业发展的趋势。

如果说科技有清晰的技术作为"标准",创新文创金融产品的难度则有过之而无不及。怎么把更加轻资产的文创企业贷款产品化、标准化,做好风控? 比起当年的忐忑不安,此时的陈岚显得更为胸有成竹。

发展文创金融,最大的瓶颈之一是信贷风险评估难。那就对症下药、量体

裁衣,针对文创中小企业的特点创新融资产品:

"风险池贷款":基于大数定律的原理,通过大量项目的整体收益风险补偿,化解个别项目带来的资产不确定性。

"银投联贷":借助投资机构的专业眼光,评估企业或项目的风险。

"选择权贷款":在利息收入之余保留股权增值的收益,缓和科技文创企业信贷风险与收益不匹配的问题。

"影视夹层融资":既借助投资者的专业能力,也降低了财务杠杆,同时得到一定程度的担保。

......

2017年,因为《人民的名义》提供信贷支持,杭州银行着实"火"了一把,也让更多人看到了创新金融在文化产业背后的巨大助推作用。

但其实在《人民的名义》热播前,这部剧还存在巨大的不确定性,制作期间甚至一度遭到投资人撤资。为何连专业投资机构都未必能看得清楚的项目,杭州银行敢冒风险进入,愿意为其提供1000多万元的纯信用贷款?

陈岚解释说,影视类产品主要是"三看",即看人、看团队、看内容。因为团队对影视行业足够了解,因为银行强大的风控体系在文创产业的趋势把握上有着独特的优势,所以杭州银行看好这部剧,愿意为其提供支持。

"《人民的名义》,其实我们看中的是人,看中这部剧的编剧周梅森、导演李路真正要把事情做好的决心和毅力。"陈岚透露了一个细节:这个剧组演员的片酬占比不到40%,他们没有把大量的资金花在请"小鲜肉"上,却为了很多"老戏骨"调动人脉"三顾茅庐"。再加上此前对该剧的出品方嘉会文化追逐品质、崇尚"工匠精神"等企业文化的认可,杭州银行对这次投资充满信心。

为《人民的名义》提供信贷支持,也成为金融业适应新经济、创新科技文创金融服务模式的一个样本。除此之外,《鸡毛飞上天》《建军大业》等影视剧的背后,均有杭州银行科技文创金融事业部的身影。

理念的革新,尚需激励制度和操作性流程制度的配套跟进。在总结科技文创金融的创新经验时,陈岚说,在实践中,他们根据经验定制了诸多的配套政策,典型的像"五项单独"政策,即单独的客户准入标准、单独的信贷审批流程、单独的风险容忍度、单独的考核激励机制和单独的业务协同体系。如单独的考核激励机制,考虑到科技文创产业的特殊性,同时参考"高风险高回报"的特征,科技支行针对不同风险的单笔贷款,会单独制定考核激励机制,最大限度地激发和调动业务经理的责任心和积极性。

戴上望远镜看世界

从初创时 20 个人的团队,到今天 200 个人的团队;从零开始,到今天的存款近 180 亿元,贷款 130 亿元,实现良性发展;从立足杭州,到今天的全国布局,挺进北上广深一线城市。

这就是科技文创金融事业部从零开始的故事。

这也是"美女行长"陈岚的励志成长故事。

比尔·盖茨说:"我从来都是戴着望远镜看世界的。"所以,那些听上去老大难的问题,在一双"戴着望远镜"的眼睛看来,却是另外一番风景。

中小企业的贷款难问题,是一个世界性的难题。创新金融,回望杭州银行科技文创金融事业部的快速发展,这是一个朝气蓬勃、犹待开发的处女地。但真的身处其中,却是"摸着石头过河"、步步惊心。

杭州银行对成立 5 年以内的科技型中小企业进行了抽样问卷和实地调查,结果显示:大部分科技型中小企业都有向外"找钱"的经历和期待,但是受制于担保方式难以落实等因素,从银行渠道获取融资的难度较大。这是浙江科技型中小企业的集体困境。

可以想象,创新科技金融,这原本就是一条充满艰险的路。但专业的直觉又告诉陈岚，这会是一条正确的通往光明之路。

到了今天，陈岚越发确信："路是对的，我们只需要负责努力前行就好。"

当然，让她如此胸有成竹走下去的还有一个重要原因：她确信，不是她一个人在战斗。自始至终，一路走来，从市领导层面的政策支持，到杭州银行总行的战略方向和资源的倾斜支持，再到与杭州市高科技投资有限公司、杭州当地的投资公司紧密合作，她充分利用好了内力和外力的双重推力。

"要真正做好科技金融创新，仅靠一方的力量远远不够。"陈岚说，除了产品、理念，更需要体制机制的配套，所以她提出了共建科技金融生态圈的理念。

"轻资产"的抵押问题如何解决？银行的风险厌恶脾性和科技企业的高风险本性如何匹配？其实，除了自身内动力的不断推陈出新，可以说，陈岚把"借力和合作"发挥到了极致。

杭州银行科技支行和杭州高科技担保有限公司成了"亲密战友"，后者是杭州市科学技术委员会下属的一家国有政策性担保公司，基于科技型企业的"轻资产"特性，杭州银行为其量身定制了不少创新业务，包括知识产权的质押担保、信用担保等。

银行和担保机构又该如何在高风险的环境下将风险降到最低？信贷风险补偿基金（简称风险池基金）的扶持模式应运而生。地方政府将部分原本拨付企业用于项目研发等方面的财政扶持资金存入科技支行，地方政府与担保公司、科技支行按 4：4：2 的比例设立信贷风险补偿基金。

金融机构又该如何与高科技企业分享高成长收益？与风险投资机构合作，力推投贷联动机制。2016 年，杭州银行科技文创金融事业部在投贷联动基础上又迈出了直投的新步伐。

迄今，杭州银行科技文创金融事业部已经与 130 多家创投天使机构建立了紧密的合作，成为杭州创投天使机构成长的最好见证人。

今天的杭州，正崛起一批实力非凡的天使创投机构，杭州的创业创新氛围之浓已经造就出以阿里系、浙大系、海归系和浙商系为代表的"新四军"创业军团;今天的杭州,正借助 G20 之势,提升国际化、建设"世界名城",致力于成为"中国硅谷"。

从数据来看,杭州经济也正成功实现蝶变:信息经济迎头赶上成为经济增长的"生力军",新经济正取代传统制造,成为支撑起经济新增长的支柱。近三年来,杭州信息经济以超越 25% 的增速,对全市的 GDP 贡献率超过 50%。

而这一切的变化,离不开科技金融创新的输血支持。杭州除了杭州银行这样的创新金融机构,还有蚂蚁金服等互联网金融龙头企业为引擎,更有数百家大大小小的创投机构提供创投资本支持。2016 年年末,为更好地配套创新之城的建设,钱塘江金融港湾规划的宏伟蓝图也正式出炉。其中提到,要在未来 10 年,将钱塘江金融港湾打造成为财富管理和新金融创新中心。

硅谷之所以被称为硅谷,除了其与生俱来的创新氛围和创新机制,硅谷银行等创新金融的支持也是不可或缺的重要原因。今天的硅谷银行,尽管实体面积不大,看上去并不是那么繁华、人流如梭,其业务却遍布全球,与全球超过 550 家风险投资基金建立了密切的业务联系,并成为 400 多家私人股权投资机构的有限合伙人。说硅谷银行的存在成就了今天的硅谷创新高地未免言过其实,但可以说,硅谷银行的金融创新,本身就是硅谷一道亮丽的风景线。

同样地,借力、共建金融创新生态圈,同时也不知不觉身处其中,杭州银行等创新金融成为杭州创业创新崛起的参与者和见证者。陈岚说,值得庆幸的是,她一直奔走在一条对的创新之路上,无须犹豫彷徨。

柳　阳：
天使投资的红利期已过，如何应对？

柳阳总是背着一个黑色的皮质双肩包，"行走江湖"。他看上去年轻、阳光，是传说中的那种"明明可以靠颜值，却偏要靠才华"的典型代表。

他活跃在杭州的投资圈，在自己的熟人圈里敏锐地发现值得投资的"猎物"，他当然也遵从投资在于精而不在于多的逻辑。

作为创业者，柳阳最成功的作品是恒生电子；作为天使投资人，柳阳迄今为基金出资人带来的最动人的回报是时空电动。

但他最近变得越来越谨慎起来，奔走在美国硅谷和中国之间，他越来越明显地"嗅"到危险的信号。他说，是时候摆正心态了，天使投资的暴利时代已经过去。

投资案例：时空电动、兑吧、耕香生物科技等。

都在说过去的 2016 年是"资本寒冬"。寒冬，许多 O2O 企业死去了，但并未让黑科技的初创企业估值下行。

黑科技，这是鼎聚投资创始人柳阳最近在钻研的领域。作为一名地道的天使投资人，他正将目光聚焦到美国硅谷。

"杭州好项目依然不少，但估值确实都不低啊！"柳阳笑笑说，资本寒冬，是针对某些特定的项目，不是针对好项目的。

创并投着，痛并快乐着

作为创业者，柳阳最成功的作品是恒生电子；作为天使投资人，柳阳目前为止为基金出资人带来的最动人的回报是时空电动。

黑科技是大势所趋，再加上技术门槛较高，确实是众多天使投资人的心头爱。只不过难题是：一旦"黑"了，就意味着"贵"。

1995年，当柳阳拿着简历机缘巧合地走进了当时还在初创期的恒生电子，故事就这样开始了，他的人生轨迹也从此逆转。当时阿里巴巴还未成立，恒生电子作为金融软件业的"供水人"，正是一颗冉冉升起的新星。

柳　阳

对柳阳来说，这意味着一个非同寻常的开始：刚出道就选对了行业、踩对了节奏。

此后的十多年，柳阳非常勤恳地做工程、做技术，从负责软件开发，到后来负责投资，包括战略投资和财务投资等，一步步走上了创业者兼天使投资人之路。

柳阳在恒生电子一待就是十多年，虽然现在已经离开，但柳阳和老东家的关系依然密切。他此后又一个新的创业项目米牛网，也是依托于恒生电子的技术发展起来的。

米牛网的设立也恰好迎上了互联网金融的一波发展高峰期和股市十年一遇的大牛市。但此后却又经历了"过山车"：先是股市暴跌，此后又遭遇史上最严监管政策的出台。尽管从至喜到至悲，也不过短短两年，但柳阳还是第一时间响应政策，宣布停止米牛网的股票质押借款中介服务业务。

米牛的这一次创业大起大落，并不算顺利，但做久了天使投资的柳阳早就看惯了潮涨潮落，觉得也不过如此。更何况，除了坏消息，还有那么多好消息，比如说时空电动。

这家柳阳于 2013 年投资的公司，目前估值已经逾 60 亿元，为柳阳的基金带来了惊人的回报，同样参股其中的杭州市蒲公英天使引导基金也是获利颇丰。

"天使投资也好、创业也好，本来就是九死一生的事。所以，投资人也好、出资人也好，从一开始就应该摆正心态。"柳阳说。

"事情往往是这样：当你看好了趋势，觉得这是一件颇有意义的事，然后去做了，之后就剩下静静地等待这颗种子开花结果。"

当然，往往等待的过程最是煎熬。不是一周两周，也不是一年两年，而是漫长的三年、四年甚至是五年、十年之久……

正在布局：消费升级＋黑科技

问及柳阳最近都在新关注哪些领域的项目以及 2017 年他最看好的行业，柳阳的回答是：消费升级，细化的话则包含了个性化的消费品、黑科技和内容创业等。

黑科技是大势所趋，再加上技术门槛较高，确实是众多天使投资人的心头爱。只不过难题是：一旦"黑"了，就意味着"贵"。

"杭州不是没有好项目，就是好项目估值都太高。"柳阳说，最近他在关注一家内容创业类公司，估值 1 亿多元，"如果这样一个项目估值 5000 万元，就会是比较完美的投资。"他甚是遗憾地感叹。当然，可能性几乎为零，所以如果他还是看好，就必须按照 1 亿多元的估值来。

"你说这也叫资本寒冬吗?"他笑笑说。

所以,最近他开始将目光聚焦到美国,"整体还是海外的项目要便宜些"。最近柳阳在关注一个来自美国的图像领域的技术公司,"会考虑投一点试试,团队不错、产品也相对成熟"。

在消费升级方面,柳阳似乎特别钟爱个性化的消费品。早在 2013 年首次投资的耕香生物科技,至今他还是很钟爱。不过在之后的 2 年时间里,这家公司似乎并未见到明显的起色,直到直播的崛起、网红的盛行,才成就了耕香及其创始人方俊平。

方俊平,这个曾是"码农"的 IT 男,顺势而为,每天苦练直播表达,终于在 2016 年下半年迎来了其产品销售的爆发性增长。

"消费升级下,未来必定是个小众、个性化的消费时代,你无法去创造一个大而同的产品。"柳阳说。其实,按照正常的逻辑去推测,像耕香生物科技生产的护肤产品一定是小众化的,如果按照此前的投资逻辑,认为其成长的想象空间有限,在投资时有可能会被放弃,但是遵照未来全新的消费逻辑,这种小而美的产品是极具生命力的。

同样是小而美的个性化需求,柳阳最近还在张罗着开一家个性化的茶室。这其实是他自己的需求:和朋友聊项目,需要一个舒适的空间。有些创意看上去比较随意,其实却是基于个性化的刚需。

"投资做得久了,我不再喜欢那些虚无缥缈的空谈和没有预期的烧钱,更喜欢从一开始就想明白生存问题。"他说,有刚需的市场一定能够首先解决生存问题。

同样的刚需还有医疗健康。所以,柳阳透露,他也在着手布局一个医疗领域的项目,"医疗消费也同样需要升级,一些更个性、更人性化的医疗服务机构一定会有市场空间"。

天使投资回归"常态化"

因为有愉快的合作基础,柳阳在发起第二只基金鼎聚茂华时,也同样选择了与政府引导基金合作。柳阳说,他喜欢和政府引导基金合作,一方面是考虑到政府基金有利益让渡,另一方面是因为周期相对比较长。

他与杭州市蒲公英天使引导基金合作的项目鼎聚茂华,在短短 3 年时间里回报率达近 10 倍,也成为市引导基金里的明星基金。

从过往的投资业绩来看,他累计投资超过 30 个项目,基金的平均收益率也超过 100％。

这让柳阳成为圈内颇有名气的天使投资人。但柳阳并不以此为乐,而是忙于思考如何顺应形势、做一个更符合这个时代大势的天使投资人,并且一直习惯于"创"并"投"着,而不是简单为了投而投。

"心态是时候要摆正了,再也不能期待着天使投资能够带来多大的暴利。暴利时代已经过去。"柳阳说。

他的预测并非空穴来风。中国科学技术发展战略研究院研究员张俊芳博士针对美国天使投资的一份研究报告指出,2000 年,美国经济出现泡沫时,美国天使投资的收益率曾达到 23.3％的峰值,随后几年保持在 10％左右;2013 年,美国天使投资市场再次实现了 21.6％的高收益率;2014 年,投资收益率下滑到19.2％。

天使投资市场的高回报率更有利于企业寻找到天使资本,但维持高回报率却是个难题,历史平均收益率在 15％左右。

中国过去天使投资的高回报率并非常态,所以,柳阳认为,天使投资其实并不适合走上"众募"这条路,尽管他自己也曾投资了众筹类的公司,他对自己的天使基金的有限合伙人人数也是严格加以控制的。

"投资有风险,天使投资只适合少数人。"柳阳说。

失去了暴利诱惑的天使投资,再也不会像"看上去那么美"了!

投资周期长、竞争激烈、死亡率高……未来的天使投资该怎么办?

"实际上,投资之初,无论创业者和投资人,都要经受一个漫长的煎熬过程。"柳阳说,所以作为一名合格的天使投资人,投情怀,远比期待暴利更科学、更合乎常理。

有时候,为了感受内心深处的那一声召唤,为了那一点点若有若无的小情怀,可以痛并快乐地坚持下去,回报或许会是顺其自然的事。如果功利心太强,等待就会变得漫长而痛苦。

投资人问答

问:您觉得自己与杭州其他本土天使机构相比,明显的差异性在哪里?

答:整体来看,我觉得自己的投资更依赖于"二度人脉",就是说更喜欢投资熟人推荐介绍的项目,因为天使阶段更关键还是团队和创始人。选择这种方式,同时也是为了节约成本和减少精力消耗。

问:可否大概讲讲您最满意的1~2个杭州本土企业投资案例?为何看好它们?现在发展近况、融资情况、创始人的状况如何?

答:兑吧,我比较看好兑吧,现在这家公司的爆发力非常强;耕香生物科技也非常不错,一开始很难,但2016年刚好碰上了直播的红利期,突然就爆发了,增速惊人。

问:您如何看待2017年的杭州整体投资环境和创业环境?会重点投资哪些领域?放弃哪些领域?

答:我个人比较崇尚一个观点:当一种商业模式大家都能看得清、看得明白时,便不具有太大的投资价值。杭州确实有不少好的互联网项目,但估值整体也较高。所以,2017 年,我更愿意放低预期、控制成本,同时控制好基金体量。

说到具体的领域,基本上 O2O 已死,我肯定不会去投。智能硬件趋势已在,个性化、小众化的消费趋势已在,都会去重点关注。

另外,我自己也不会为了投而投,特别看好的领域,也会考虑继续创业。比如我自己最近在做的茶馆项目,还有正在让团队做的财经微信号等。

马海邦：
梦想那么远，那么近

坐在东信大厦的新孵化基地办公室里，窗外有一块明亮的绿地和一方水池，偶有白天鹅、黑天鹅穿梭其间。今天的马海邦，正掌管着超过 2.5 万平方米的海创孵化基地；他创立的"六合桥"，迄今已经举办了 150 场创新项目路演，成为杭州创业创新的一道亮丽风景线。马海邦自己也成为杭州创投界标志性的人物之一，一路走来，他见证了杭州的科技创新企业的兴衰。

"属于我的时代来了！"谈起对明天的憧憬，老马嘴角一抿，露出了一个胸有成竹的笑容。

我们并不知道，他的从容笑容中还掩饰了几分焦虑，毕竟独角兽在初创期很难被识别出来。但我相信，他一定是从容多于焦虑的。因为，他偶尔流露出的疲惫神情里，深藏着坚韧的毅力，这才是真正坚不可摧的。

投资案例：PingPong、E 签宝、万辰机电等。

杭州的钱塘江边有一座六和塔，与六和塔隔江而望的，是六和桥。六和桥不是一座真的桥，而是一个创业创新的孵化基地，它的使命是促进资本和项目的结合。

杭州枫惠科技创始人马海邦，大家喜欢称他为"老马"，老马是六和桥的缔造者。这个土生土长的西北汉子，有一天突然厌倦了原来的生活，携带着梦想来到了杭州，然后就开始了一段叫作"六和桥"的故事……

对多数创业者来说，六和桥的故事他们不会陌生。从 2014 年 5 月起，每个周四下午 2 点，投资人们都会齐聚这里，搜索他们的理想标的。到 2018 年 5 月，这里举办的 152 场路演已经吸引风投超 20 亿元。

老马说，杭州有条件成为中国的硅谷。他希望借力孵化器，成为这个中国硅谷的重要助力者。

"我的时代来了！"

问题是，老马自以为找到了一条通往光明的坦途，但其实现实很"骨感"。

明代大儒王阳明看着一位弟子说：你胸中有个圣人。这名弟子马上站起说：不敢。王阳明叫他坐下，笑着说：众人皆有，你怎么就没有？天下万事都可谦虚，唯独这事不可谦虚。

人人皆可为圣人、为尧舜，这是马海邦信奉的人生哲学。这也是他 20 年前义无反顾出走西北，来到杭州从事创业投资服务的最初行动指南。但马海邦也知道，机会不是留给所有人，而是只留给少部分"觉悟较早的

马海邦

人"。所以，他始终提醒和督促自己，要做那个"少部分人"。

"会后悔吗？事实上，刚开始的路很不顺利吧？"我问老马。此时的他，坐在东信大厦的新孵化基地办公室里，掌管着超过 2.5 万平方米的海创孵

化基地。窗外有一块明亮的绿地和一方水池,偶有白天鹅、黑天鹅穿梭其间。

马海邦缓缓开口,抿嘴一笑:"怎么可能会后悔?过去的失败都是我最宝贵的财富积累,更何况今天我可以每天和年轻、充满理想的创业者们畅谈理想和人生。"

事实上,在老马浓眉大眼的西北汉子的外表下,藏着一颗温柔细腻的心,他还有满满的情怀和成就一番大事业的理想。

70 后的马海邦说,在从事创业投资和服务的过程中,他仿佛回到了年轻的时候。每当和年轻的创业者喝着茶或咖啡,双方的思想相互碰撞出了些许共鸣的火花,诞生了一个个不错的创业项目,他都会备感欣喜。

他习惯于把事业当成生活的一部分,并且无时无刻不在思考着创建出一种颇具特色、能够引领全球的新模式。

其实,放眼杭州,老马称得上是最早专注科技创业服务领域的投资人之一。而且他的关注点更为聚焦,将目光落在了海归群体身上,因为大部分的海归回国创业,带回来的除了满腔热血,还有过硬的技术积累,这能大大提高创业的成功率。

2004 年,马海邦成立了杭州枫惠科技咨询有限公司。这并不是一段轻松的旅途,其间,作为"服务者",马海邦见证了一家家初创的科技企业成长为参天大树,但是当企业长大之后,服务者却只能成为不再被需要的"旁观者"。

意识到这一点,马海邦最初很是失落。怎样才能既帮助初创期的科技企业成长,成为"雪中送炭"的那个人,又可以分享它们的成长果实?

爱思考的老马为自己的六和桥和枫惠投资找到一条更好的投资路径——基于孵化的投资,专注海归的"创业孵化＋投资"模式。

这种模式的开创,加上六和桥的品牌效应,注定了他会在杭州的创业创新史上留下浓墨重彩的一笔。

"孵化过程就是我们最好的尽调。"他笑笑说，迄今为止，他还是觉得"创业孵化＋投资"的方式，是天使投资较为稳妥的一种模式。因为天使投资真的很难用精确的财务数据去判断优劣，而"看人"又是个比较模糊的技术活，仁者见仁。

然而，老马自以为找到了一条通往光明的坦途，但其实现实很"骨感"。真正的科技投资之风，是在马海邦从事科技服务 10 年之后才到来的。这么多年坚守，老马大概是有强大的意志力。

"一直就很难。"他说，一开始，资本更愿意去亲近互联网模式创业项目，对科技创业企业的理解并没有那么深刻。这种志同道合者少的孤独感，大概只有创业者懂。

2014 年 9 月，李克强总理在达沃斯论坛上提出了"大众创业，万众创新"，由此在全国掀起了一番"双创"的热潮。此时的马海邦在科技投资服务领域已小有名气，他抓住了机会，和杭州滨江区政府合作，于是就有了接下来六和桥的故事。

"我的时代来了！"今天回忆起数年前的那个"风起时刻"，马海邦还是会很自豪，自豪于自己当初的苦苦坚守。那之后，遇上了种种不顺心的事，他也都借此激励自己——"病树前头万木春"。

有一种创业项目，坚决不投

和你志同道合的总会是少数——站在同一高度的更是少数。

大概是因为坚守和孤独得太久了，马海邦深刻地明白这个至深至简的道理。所以，踽踽独行的他，对于这个时代和这个时代的创业者，也会有一些自己的思考和理解。

商海沉浮，他已经习惯了这个时代商业世界的残忍，创业界的浮躁，还有资本跟风时表现出的"愚昧",但他终究还是相信一些理想主义的东西,他试图用创业来对抗平庸,用商业来消解强权。

他相信,任何东西,包括创业这件事,热爱就是修行,坚持才会有光。没有情怀的支撑,创业这条布满了荆棘的路,如何能够走到最后?老马说,这是常识。

那么,有情怀的创业者身上最需要的是什么特质?

"野心!"马海邦说。但是他不喜欢那种赤裸裸的没有底线的野心,他喜欢的是带着改变世界梦想的那种野心。

在创业和成功概率的关系图中,他也总结过,认为机遇不是运气,机遇应该是一个人对创业环境趋势的深度思考。"深度思考要比勤奋更重要。"他说。

而现实的残忍和孤独也好,热爱和坚持也好,野心和深度思考也罢,所有的这些元素集合于一身之后,这个拥抱未来的创业者,不一定要懂得世界一流的专业技术,但他一定是具有精神领袖的特质。

"即便技术再先进,商业模式再好,一旦遇上团队难以凝聚、一盘散沙,创业的成功概率就降为零了。"马海邦说。

基于这些认知,马海邦也固执地坚持,如果一个创业项目同时拥有很多看上去很牛的创始团队,却没有一个精神领袖式的人物,就坚决不投。

"越是牛的人,档期排得满满,越有可能是假象。"马海邦甚至有些"武断"地这么认为。他不是这么信口一说。这个至简之理,他是自己"趟过坑"之后得出的最痛的领悟。

今天,杭州已经成为安防之都,同时有海康威视、大华股份、宇视科技等行业三大巨头,其中海康威视已是市值最高时曾超过 4000 亿元的"巨无霸"。马海邦其实早在 2000 年就曾参与了高速视频监控领域的创业,最终却苦于团队成员之间的股权纠纷,导致此次创业无疾而终。

"如果没有精神上的领袖,企业在关键的拐点上一盘散沙,这是非常危险的。"除了自己亲身的经历,马海邦在这些年遇到过的投资案例里也有类似的情况。

而在他的逻辑里，一些创业团队之所以会选择组合在一起以"过度包装"的方式获取融资，背后一大促因是暴利的诱惑。"为什么会发生纠纷？为什么意见难以统一？因为各人打着各人的利益算盘。"

所以，"情怀"，一个看着有些文艺且奢侈的词，被他用来作为"筛选"创业者的一大要素。

"你可以创业失败，但不可以行骗。这是道德底线；创业者应该心怀改变世界的情怀，而不是简单的'发财梦'。"马海邦说。

得意之作，靠的是什么？

再后来，老马承认，投资不只是凭直觉。

用投资的方式去筛选，寻找符合自己价值观的项目和创业者，然后尽自己所能给予必要的帮助，除了资金上的，还有情感、资源和战略上的。这是老马最为理想的投资工作状态。

这些年，陆陆续续投下了不少的项目，老马除了努力做到让自己的"六和桥"越来越国际化，连接上美国、英国、法国乃至以色列等全球创新高地的项目，他也投下了几个堪称经典的项目，如 E 签宝、PingPong、高端装备制造业领域的万辰机电等。

E 签宝是马海邦 2015 年成立第一只基金后投下的第一个项目，在 E 签宝创业 8 年后仍然仅保持微利的情况下，他决定投资，因为预见到了 E 签宝正处于发展的关键时期。事实也印证了他的判断。老马投资后不久，E 签宝得到了浙江省政府的项目招投标，成功进入了海康威视的项目招投标目录，开启了快速发展之路。

前瞻性是一种核心的投资竞争能力，这是毋庸置疑的。但是，如何培养自己的敏感度和前瞻性呢？老马说，要离这个市场足够近才好。他因为兼顾孵化和投资，而且孵化场地较大，接触管理的企业较多，"耳目众多"。这些企业在孵化过程中的"细节表现"，恰恰成了老马投资前最好的尽调。

后来，也是一次偶然的机会，马海邦听 90 后的同事（即前文提及的他的"耳目"）和他聊起来，说有个叫王道的公司很不错，于是他便主动"摸"上了门去找王道的掌门人熊伟细聊。这次的聊天让老马得知了一个重要的信息，即熊伟正打算孵化一个叫作 PingPong 的跨境结算项目。

显然，文科出身的老马不可能非常详尽地去了解个中的技术细节，但他内心突然这么"咯噔"了一下，产生了一种对的直觉。老马很快成为 PingPong 的天使投资人。

再后来，老马承认，不只是直觉，而是他在与 PingPong 的创始股东之一熊伟聊天的过程和后来的尽调中，确认这个团队踏实而且执行力强，加上在做跨境结算业务，PingPong 切中了当时的跨境电商的最大"痛点"。

其实，当时的 PingPong 创始人陈宇刚刚确定了要回国发展，甚至还没有让老马看到产品，PingPong 估值却已经高达上亿元。但老马还是咬咬牙，认购了！老马因此成为杭州最早看到 PingPong 的天使投资人。

这之后，PingPong 增势迅猛，还吸引了华瓯创投、赛伯乐等机构的投资，在 2017 年 B 轮融资中，又引入了中国国际金融股份有限公司等央企的投资，估值数十亿美元。

事实上，除了对"情怀"的考量，老马的投资主要是专注于有科技含量的初创企业。

"技术是最好的创业门槛。"老马说，商业模式可以随时被拷贝，但是核心的技术门槛却不是竞争对手短期内可以跨越的。恰好，对科技企业的扶持又是国家政策极力提倡和引导的。

"但恰好近年来浙江成长起来的独角兽公司目录里，互联网模式的创新更多一些?"我问他。

马海邦细细想了想,回答说,所以,大部分的互联网项目他不会投。他特别钟爱的是高端装备制造,而且已经有所布局。

万辰机电,这是又一个让马海邦屡次提及的得意之作。

"万辰机电创造了数个世界第一:第一次实现了气体轴承液压供气,第一台30kW 气体轴承离心压缩机……"他用桌子比画了下我们身旁的那张一米多长的木头桌子,说:"管理整栋大楼的空调压缩机,只需要这么大,知道这是什么概念吗? 效率至少提升了1/3,一旦技术得到大规模的应用推广,整个社会都将受益于此。"

又一次,非专业技术出身的老马,怎么能够在众多的创新项目中独独相中了万辰机电? 马海邦沉思片刻后,嘴巴一抿,露出他那招牌式的笑容,谦虚地自嘲道:"你知道,我专业上并不精通,但阅历多了又什么都懂一些,就成了'万金油'。"

马海邦和万辰机电创始人顾发华博士初次见面,是在有意回国创业的顾博士来海创园考察场地时,两人一见如故。第二次见面后,老马便决定投资了。"技术的具体细节我可以不懂,但是顾博士和我深入浅出,把技术的原理都讲明白了,我觉得可行度很高。"

"单从爱国主义的角度去审视,也应该支持高端设备。"老马说,如果他的基金能够对一个产业的进步起极大促进作用,那就能带给他莫大的成就感。

中科院院士、西湖大学校长施一公 2017 年 10 月特地发文,奉劝年轻人不要一味地涌向高收入的行业。一个国家的发展强大,需要更多的年轻人投身到基础领域的研究上去。老马多少也有这样的"实业情怀"。

我们都要做的自我进化

但老马其实也并非我们前面说的那么"超能"。这么多年的投资下来,他也有自己畏惧的,想投又始终没有投下的领域,比如医疗领域。

事实上,在我们的聊天中,大部分时间是在讲医疗。我问老马:"有什么领域是你很想投却又不敢下手的?"

他不假思索地回答:"创新药。"

新药的研发一旦有所突破,会迎来爆发性的成长,比如在杭州土生土长起来的贝达药业。但在老马看来,贝达药业是一个幸运儿。它的成长中伴随着太多的政策性扶持和历史性机遇。但他十分清楚,在贝达药业成功的光环之下,是更多的新药研发企业倒在了漫长的研发、认证半路上。

"至少要十年周期。这不是大部分基金可以等待的。"提及这个,马海邦显得颇为苦恼和纠结。他曾经也碰到过一位坚定的肿瘤新药研发者,他相信创业者需要这样的工匠品质,他很动情地想投,但最终,几次拿起,又几次说服自己放下了。他接触过不少医疗器械、中医药方面的创新者,也有他非常认同也看好的创业者,如一位从事发烧特效药开发的,虽然没有相关的专业背景,也不曾有相关的从业经验,但出身于中医世家,怀揣着祖传秘方……

"在制药方面我还是不太会投,但是在医疗器械、中医养生领域,后期会重点关注。"马海邦说。

权衡基金的投资周期,权衡短期收益和长期布局之间的关系,并非易事,但对马海邦来说,这些问题都还只是"小问题"。真正一直盘旋在他脑海中的,是一件更为重要、更具战略性的事情:如何布局好产业生态链,从一名被动型投资者转型成为主动型投资者。

"大凡风口上的事,都有趋同性,投机性强。"老马说,过去的很长一段时间里,大部分的投资基金都是在用被动的方式四处搜罗优秀项目和创业者。但是,眼看着好的项目资源越来越稀缺,估值也随之水涨船高。

"我希望能打通整个产业生态链,主动按需策划设计创业项目,并集聚人才和资本支持,而不是坐等项目找上门来。引领创业的方向,回归孵化的最本真目的。"

马海邦很早就有了这个设想，他琢磨着，可以率先与上市公司合作，按照其产业升级的需求定制项目，为其定向孵化创业项目。但通过一些接触，他显然又进一步拓展了自己的思路，提出了"六和桥才财榜"的设想。

"我要创新传统的为项目找资金、为资金找项目的对接方式，突出人才团队的价值地位。"

但这面临着同样的问题：理想很性感，现实却很骨感。如何将脑海里的这幅蓝图付诸实际，需要一个发酵的过程。

成功的投资是用数字计算出来的吗？老马摇头："不可能的事！"他只要模糊的成功，不要精准的失败。马海邦说，真正伟大的项目，只能靠感知，靠自己多年江湖经验练就的前瞻性。

"往往在项目爆发为热点的时候，已经晚了，所以，走自己的路，追随自己的步伐更为稳妥。"老马说，在投资这条路上，他从不随热点。

宋代苏洵在《心术》中写道："为将之道，当先治心……然后可以制利害，可以待敌。"马海邦希望自己和创业者一样，有雄心壮志，同时要有真正经得起"泰山崩于前而色不变，麋鹿兴于左而目不瞬"考验的一颗安静的心。如此，才能保持自己清醒的头脑和冷静的判断力，不为物扰，一点点、一步步去践行理想，成长为一名主动出击的投资人。

直觉告诉他，这是一条必须跨越的转型之路。在历史性的机遇关口，谁先掌握了人才、资本和项目需要的数据，谁就拥有了拥抱未来的投资主动权。所以，这一次，他是非去抢夺战略先机不可的。

但他也不愿意冒进。他从来不求快，方向对了，他愿意慢一点、再慢一点，对创业者他也是如此要求。

"一个行业的成长有其自身的发展规律，揠苗助长或是急功近利都未必是好事情。"和这位喝着茶的西北汉子老马——刚刚从新疆阿克苏探亲回来的老马,爱养狗遛狗的老马——聊了许久之后,他已经面带倦意,我们就此结束了谈话。

梦想很伟大,但现实很残酷。一次次游走在梦想和现实之间,谁也不敢说自己游刃有余,比拼的是毅力和耐心罢了。

附　录
浙江省创业投资机构部分企业名录

公司名称	成立时间	注册地
浙江赛伯乐科创股权投资管理有限公司	2011 - 08 - 09	杭州市
浙江普华天勤股权投资管理有限公司	2011 - 06 - 20	兰溪市
杭州枫惠投资管理有限公司	2006 - 07 - 14	杭州市
杭州独角兽投资管理有限公司	2015 - 03 - 25	杭州市
杭州英维投资管理有限公司	2007 - 07 - 03	杭州市
嘉兴龙庆股权投资管理有限公司	2010 - 04 - 14	嘉兴市
浙江嘉庆投资有限公司	2010 - 06 - 29	嘉兴市
杭州信得宝投资管理有限公司	2016 - 02 - 17	杭州市
杭州盈动投资管理有限公司	2008 - 07 - 25	杭州市
浙江长兴科金投资管理有限公司	2015 - 10 - 09	杭州市
浙江中新力合科技金融服务股份有限公司	2011 - 09 - 29	杭州市
杭州鸣弦投资管理有限公司	2016 - 03 - 08	杭州市
杭州和达金融服务有限公司	2015 - 09 - 17	杭州市
杭州浪淘沙投资管理有限公司	2014 - 09 - 19	杭州市
杭州博闻韬略投资咨询有限公司	2014 - 11 - 05	杭州市
杭州浪淘沙娱众投资管理有限公司	2016 - 03 - 02	杭州市
杭州广赢投资管理有限公司	2017 - 04 - 01	杭州市

公司名称	成立时间	注册地
杭州广润创业投资有限公司	2007 - 11 - 28	杭州市
杭州好望角投资管理有限公司	2007 - 08 - 22	杭州市
嘉兴天浩投资管理有限公司	2014 - 12 - 10	嘉兴市
绍兴天堂硅谷恒煜股权投资合伙企业	2016 - 09 - 27	杭州市
浙江天堂硅谷长泰股权投资合伙企业（有限合伙）	2011 - 07 - 15	杭州市
浙江天堂硅谷朝阳创业投资有限公司	2007 - 04 - 16	杭州市
浙江天堂硅谷晨曦创业投资有限公司	2007 - 10 - 16	杭州市
浙江天堂硅谷合丰创业投资有限公司	2009 - 10 - 13	杭州市
浙江天堂硅谷合胜创业投资有限公司	2009 - 10 - 20	杭州市
浙江天堂硅谷合众创业投资有限公司	2007 - 10 - 24	杭州市
浙江天堂硅谷恒通创业投资有限公司	2008 - 05 - 26	杭州市
浙江天堂硅谷鲲诚创业投资有限公司	2006 - 12 - 01	杭州市
浙江天堂硅谷鲲鹏创业投资有限公司	2009 - 06 - 26	杭州市
浙江天堂硅谷台州合盈股权投资有限公司	2005 - 07 - 03	台州市
浙江天堂硅谷阳光创业投资有限公司	2006 - 06 - 20	杭州市
浙江天堂硅谷盈通创业投资有限公司	2010 - 06 - 01	杭州市
绍兴金沙旅游投资合伙企业	2005 - 07 - 09	绍兴市
绍兴天堂硅谷新材料产业投资合伙企业	2016 - 09 - 23	绍兴市
浙江天堂硅谷地产股权投资资金管理有限公司	2014 - 09 - 01	杭州市
浙江天堂硅谷恒裕创业投资有限公司	2008 - 01 - 03	杭州市
浙江省天堂硅谷创业创新投资服务中心	2008 - 05	杭州市
浙江华睿点石投资管理有限公司	2007 - 11 - 14	杭州市
浙江华睿点金创业投资有限公司	2009 - 08 - 10	杭州市
浙江华睿海越光电产业创业投资有限公司	2009 - 12 - 23	诸暨市
浙江华睿海越现代服务业创业投资有限公司	2010 - 01 - 28	诸暨市
浙江华睿弘源智能产业创业投资有限公司	2010 - 03 - 22	诸暨市

续　表

公司名称	成立时间	注册地
浙江华睿互联投资有限公司	2010 - 10 - 20	杭州市
浙江华睿控股有限公司	2002 - 08 - 01	杭州市
浙江华睿蓝石创业投资有限公司	2014 - 09 - 02	诸暨市
浙江华睿庆余创业投资有限公司	2013 - 12 - 30	诸暨市
浙江华睿如山创业投资有限公司	2010 - 12 - 07	诸暨市
浙江华睿如山装备投资有限公司	2009 - 10 - 13	杭州市
浙江华睿睿银创业投资有限公司	2007 - 03 - 28	杭州市
浙江华睿盛银创业投资有限公司	2009 - 08 - 11	诸暨市
浙江华睿泰信创业投资有限公司	2008 - 07 - 21	杭州市
浙江华睿泰银投资有限公司	2009 - 07 - 20	诸暨市
浙江华睿祥生环境产业创业投资有限公司	2010 - 11 - 15	诸暨市
浙江华睿医疗创业投资有限公司	2011 - 01 - 24	桐庐县
浙江华睿中科创业投资有限公司	2010 - 07 - 05	杭州市
诸暨贵银创业投资有限公司	2014 - 05 - 14	诸暨市
浙江红石创业投资有限公司	2007 - 11 - 27	杭州市
浙江嘉银投资有限公司	2006 - 05 - 24	杭州市
浙江蓝石创业投资有限公司	2008 - 05 - 15	诸暨市
浙江泰银创业投资有限公司	2007 - 10 - 26	杭州市
诸暨华越投资有限公司	2011 - 03 - 09	诸暨市
浙江华瓯股权投资管理有限公司	2011 - 05 - 17	杭州市
浙江合力创业投资有限公司	—	杭州市
浙江华瓯创业投资有限公司	2007 - 11 - 16	杭州市
浙江瓯联创业投资有限公司	2009 - 05 - 12	杭州市
浙江瓯盛创业投资有限公司	2008 - 06 - 03	杭州市
浙江瓯信创业投资有限公司	2009 - 04 - 02	杭州市
浙江盈瓯创业投资有限公司	2010 - 11 - 05	杭州市

公司名称	成立时间	注册地
杭州锦聚投资管理有限公司	2014 - 07 - 21	杭州市
杭州中来锦聚投资管理有限公司	2015 - 01 - 28	杭州市(桐庐县)
浙江金永信投资管理有限公司	2005 - 03 - 24	杭州市
杭州金永信天时创业投资合伙企业	2010 - 04 - 07	杭州市
杭州文广股权投资管理有限公司	2010 - 11 - 10	杭州市
杭州文诚创业投资有限公司	2012 - 07 - 09	杭州市
杭州文广创业投资有限公司	2010 - 12 - 29	杭州市
杭州联创投资管理有限公司	2008 - 10 - 07	杭州市
杭州诚和创业投资有限公司	2006 - 06 - 01	杭州市
杭州海邦沣华投资管理有限公司	2017 - 10 - 15	杭州市
浙江沣华投资管理有限公司	2017 - 08 - 10	杭州市
浙江科发资本管理有限公司	2003 - 11 - 11	杭州市
浙江银杏谷投资有限公司	2013 - 07 - 19	杭州市
杭州帮实投资管理有限公司	2014 - 04 - 03	杭州市
杭州万豪投资管理有限公司	2006 - 01 - 09	杭州市
杭州泰恒投资管理有限公司	2010 - 06 - 03	杭州市
杭州葆光投资管理有限公司	2012 - 10 - 18	杭州市
浙江美林创业投资有限公司	2008 - 07 - 11	杭州市
杭州隆启投资管理有限公司	2016 - 07 - 15	杭州市
浙江浙大友创投资管理有限公司	2001 - 01 - 21	杭州市
杭州原质投资管理有限公司	2015 - 03 - 26	杭州市
浙江万安投资管理有限公司	2015 - 05 - 18	杭州市
杭州元弘投资管理有限公司	2014 - 09 - 26	杭州市
浙商创投股份有限公司	2007 - 11 - 01	杭州市
浙江浙商创业投资股份有限公司	2007 - 11 - 01	杭州市
浙江嘉海创业投资有限公司	2010 - 01 - 13	杭州市

续 表

公司名称	成立时间	注册地
浙江如山汇金资本管理有限公司	2010-09-26	杭州市
杭州如山创业投资有限公司	2007-08-01	杭州市
浙江如山成长创业投资有限公司	2008-08-18	杭州市
浙江如山高新创业投资有限公司	2010-11-10	杭州市
浙江如山新兴创业投资有限公司	2012-09-11	杭州市
诸暨鼎信创业投资有限公司	2008-07-29	杭州市
浙江浙科投资管理有限公司	2011-11-01	杭州市
浙江省科技风险投资有限公司	1993-06-01	杭州市
浙江浙科汇丰创业投资有限公司	2010-09-01	杭州市
浙江浙科汇利创业投资有限公司	2010-05-01	杭州市
浙江浙科汇盈创业投资有限公司	2009-08-01	杭州市
浙江浙科美林创业投资有限公司	2011-04-01	杭州市
浙江浙科升华创业投资有限公司	2010-10-01	杭州市
浙江浙科银江创业投资有限公司	2010-10-14	杭州市
浙江天使湾创业投资有限公司	2010-09-29	杭州市
杭州华旦网络科技有限公司	2006-12-14	杭州市
杭州德同投资管理有限公司	2010-04-21	杭州市
杭州复朴投资管理有限公司	2014-09-17	杭州市
杭州中赢复朴投资管理有限公司	2015-09-21	杭州市
安丰创业投资有限公司	2008-02-28	杭州市
杭州高特佳股权投资管理有限公司	2010-12-01	杭州市
杭州鼎聚投资管理有限公司	2011-04-06	杭州市
浙江大学创新技术研究院有限公司	2012-09-29	杭州市
浙江大学科技创业投资有限公司	2008-10-29	杭州市
杭州迭代投资管理有限公司	2014-10-28	杭州市
杭州中寰投资管理有限公司	2017-03-21	杭州市

公司名称	成立时间	注册地
浙江省创业投资集团有限公司	2000 - 09 - 30	杭州市
浙江亿都创业投资有限公司	2007 - 11 - 01	杭州市
浙江浙大大晶创业投资有限公司	2001 - 01 - 03	杭州市
浙江海洋经济创业投资有限公司	2010 - 01 - 19	舟山市
浙江中大集团投资有限公司	2002 - 09 - 19	杭州市
浙江富国投资管理有限公司	2010 - 07 - 13	杭州市
杭州庆永资本管理有限公司	—	杭州市
浙江海邦创智投资管理有限公司	2017 - 09 - 01	杭州市
浙江浩誉创业投资有限公司	2011 - 01 - 14	杭州市
平湖绿合投资管理有限公司	2018 - 03 - 05	嘉兴市
浙江诸暨惠风创业投资有限公司	2008 - 08 - 06	诸暨市
杭州君品科技有限公司	2014 - 06 - 26	杭州市
温州源大创业服务股份有限公司	2011 - 01 - 17	温州市
浙江维科创业投资有限公司	2008 - 02 - 28	杭州市
浙江中宇科技风险投资有限公司	2003 - 10 - 10	杭州市
浙江盛元股权投资基金管理有限公司	2017 - 05 - 12	杭州市
浙江敦敏资产管理有限公司	2014 - 08 - 06	杭州市
桐乡桐创投资管理有限公司	2015 - 06 - 01	桐乡市
浙江红土创业投资有限公司	2010 - 04 - 21	嘉兴市
浙江智新泽地投资管理有限公司	2016 - 05 - 18	杭州市
浙江道生投资管理有限公司	2015 - 07 - 20	金华市
海宁工程大科技园有限公司	2014 - 05 - 05	海宁市
嘉兴市领汇创业投资管理有限公司	2010 - 12 - 21	嘉兴市
浙江博通创业投资有限公司	2007 - 07 - 01	杭州市
泛创投资有限公司	2015 - 12 - 03	杭州市
浙江浙能创业投资有限公司	2003 - 03 - 11	杭州市

续　表

公司名称	成立时间	注册地
杭州不死鸟投资管理有限公司	2016 - 03 - 28	杭州市
浙江新安创业投资有限公司	2005 - 07 - 03	杭州市
金华中呼股权投资管理有限公司	2011 - 08 - 17	金华市
杭州松观投资管理有限公司	2017 - 09 - 22	杭州市
浙江浙华投资有限公司	2005 - 06 - 18	嘉兴市
杭州长江创业投资有限公司	1996 - 01 - 06	杭州市
杭州立元创业投资股份有限公司	2006 - 12 - 08	杭州市
万向创业投资股份有限公司	2000 - 12 - 01	杭州市
浙江磐合资本管理有限公司	2015 - 07 - 17	诸暨市
浙江春晖创业投资有限公司	2007 - 10 - 17	绍兴市
浙江御河投资管理有限公司	2016 - 01 - 12	杭州市
杭州福生创业投资管理有限公司	2016 - 04 - 27	杭州市
五都投资有限公司	2008 - 04 - 03	杭州市
金库(杭州)创业投资管理有限公司	2011 - 08 - 23	杭州市
浙江众盛创银投资有限公司	2016 - 06 - 23	诸暨市
杭州飞来投资管理有限公司	2007 - 06 - 28	杭州市
浙江华媒投资有限公司	2015 - 10 - 08	杭州市
杭州敦和创业投资有限公司	2011 - 04 - 11	杭州市
浙江信德丰创业投资有限公司	2010 - 05 - 27	杭州市
杭州乾盈投资管理有限公司	—	杭州市
浙江普发科技开发中心	1991 - 08 - 12	杭州市
浙江宏桥春阳资产管理有限公司	2015 - 06 - 18	杭州市

后　　记

　　一定要把身边那些刚认识以及还未认识的传说中的投资人故事写下来,让历史记住他们,这是我在决定做这些投资人物故事访谈时的初衷。从 2017 年年初开始,我一点点地践行着这个小目标,一点点地去突破传统财经人物故事的写法。

　　过程是艰辛而坎坷的,但结果是美好的。历时一年多时间,终于等来了本书出版的这一天。

　　为了让故事更加符合这些投资人的本真性情,每一篇文章都经过了投资人自己的修改、确认,为了让事实和观点更加准确,我们耐心地一遍遍修改、数易其稿。我不甘心于平庸的文字,而他们也不满足于简单的赞美,事实上,在文章中我也有意无意地透露出一些在他们的思考,以及他们内心深处那些最感人的心路历程,又或者是一些平常不为人道的"小缺陷"。

　　人无完人,焉能无错? 我总觉得,一些个性化的小忧伤,一些无伤大雅的固执和坚持,还有一些也许有些不可理喻的小缺点、小失败,都会让他们的故事变得更加丰满,让他们的个性更加鲜明,让他们的形象变得更加高大。

　　为什么一定要做投资人物访谈这件事? 意义何在? 小小的我,用我浅薄的视角去观察着这些杭城知名投资人给这个时代留下的足迹,这可以证明什么? 我没有系统地论证过,也无法用数据去说明我此举的重要性和必要性。我只知道，我可以在我的能力范围之内，把这件事情做得虽有缺陷但却丰满，并且最终留下成果，若能在历史的长河里泛起那么一点点涟漪，那便是这本书的最大价值所在了。

我很喜欢一本非虚构作品《长乐路》，作者史明智是外媒驻华记者。他在上海长乐路生活了八年之久，生动详细地记录下了这条街道的每一个小人物的生活轨迹，读者从中可窥见中国历史和现实的大变迁。

小人物，大故事。如果一定要放眼全国，杭州的投资人资金规模或许还不够大。我不知道他们的故事、他们的成长和思考逻辑，会在这个时代留下多少足迹。你可以觉得他们还很渺小，不足以与一些国际国内的投资大鳄们相提并论。但他们中不乏标杆性人物，如龚虹嘉，他的天使投资创下单笔收益最高纪录；如余国良，他是 20 世纪 80 年代海归学成后回国创业投资的代表性人物；如宗佩民，一个专注于独特创业者的有心人，布局投下了中医药老字号的代表性企业胡庆余堂……

我想，以杭州今天在全国创业创新领域的地位，在全国"双创"的大背景下，在人民币基金大快步发展的这个十年，在股权分置改革的大政策背景下，作为奋斗在一线的新经济的战斗者，他们是民营经济大省的浙江经济变革和转型关键期的亲历者和见证者，他们的投资经验、心路历程和思考成果，注定在这个时代具有不可替代的代表性。

他们虽不身处北上广等投资资本的核心地，却置身民间资本最为活跃的浙江省城杭州，一个全国创业创新的新高地，一个被视为可比肩美国硅谷的创新又一城。他们专注于私募股权和天使投资，好像一度游走在政策的"灰色地带"，但又凭借着意志和前瞻眼光，坚守阵地，成为优秀的独角兽捕手。他们正用微不足道的资本规模，撬起了杭州新经济的大半边天空。他们也在用自己有限的能量，试图改变这个世界。

在过去的十多年间，我都在从事着财经人物和事件的报道，但多数时候都是追着新闻热点跑,采写时因为时效性和报纸篇幅的限制,大多匆匆而过,浅尝辄止,没有真正静下心来,去好好深入挖掘这些对杭州、对浙江的新经济做出了重要贡献的优秀投资人的心路历程。

他们是一群长期以来被"低估价值"的人群,他们奔走在创新经济的一线,冒着巨大的风险,为浙江经济培育了大批量的潜在独角兽公司,但是他们也是备感失落的一个群体。在表面光鲜的背后,他们一方面顶着来自有限合伙人们的巨大的盈利压力,一方面又要承担着巨大的创业失败的风险。面对着一个个失败的清盘项目,他们只能在黑夜里独自忧伤,第二天又不得不微笑着,能量满满地面对明天……他们身上有着中国民营经济最为闪光的创新、乐观和知难而上的宝贵精神。

在此特别感谢本书收录的所有投资人对本书出版的支持。你们是中国投资界最优秀的代表人物,谢谢你们愿意对我这个不懂投资的前媒体人敞开心扉,分享你们最宝贵的投资经验和心路历程。也特别感谢本书的总策划、杭州高科技投资有限公司董事长周恺秉,在联系人物专访、内容修改及本书的最后出版上,他给予了全方位的支持;也感谢浙江大学出版社的编辑杨茜和所有工作人员,在本书的最后出版和校对、内容策划及宣传上给予的支持和帮助。

需要说明的是,因为篇幅和时间、能力所限,还有许多优秀的投资人没有采访到,不周到之处,敬请见谅。未来如果有机会,我希望能够继续这未完成的事业。

最后,谨以此书献给所有奋战在创业战场上的创业者们,你们并不孤单,有这么多优秀的投资人与你们忧喜与共,也希望本书能够陪伴你们走过每一个孤独难熬的夜晚。如果这本书能够能带给正在创业的你哪怕是一点点创业突围的灵感之光,那一定是这世间最美好的事情了。

夏芬娟

2018 年 10 月 28 日